capa e projeto gráfico **Frede Tizzot**

© 2021, Editora Arte & Letra
© Carlos Frederico Marés de Souza Filho

S 729
Souza Filho, Carlos Frederico Marés de
A função social da terra / Carlos Frederico Marés de Souza Filho. – Curitiba : Arte & Letra, 2021.

252 p.

ISBN 978-65-87603-12-4

1. Propriedade da terra 2. Direito agrário I. Título

CDD   333

Índice para catálogo sistemático:
1. Propriedade da terra   333
Catalogação na Fonte
Bibliotecária responsável: Ana Lúcia Merege - CRB-7 4667

Arte & Letra Editora
Rua Des. Motta, 2011. Batel
Curitiba - PR - Brasil / CEP: 80420-180
Fone: (41) 3223-5302
www.arteeletra.com.br - contato@arteeletra.com.br

Carlos Frederico Marés de Souza Filho

A FUNÇÃO SOCIAL DA TERRA

segunda edição
(Revista, ampliada e atualizada)

Curitiba
2021

À memória de Carlos Frederico Marés de Souza e Mauro Goulart, o primeiro meu pai, ambos meus amigos. Acompanharam meu caminho e minhas ideias, por mais estranhos que parecessem e por mais longe que chegassem.

À memória de minha mãe, Odete Pinheiro Machado de Souza, que, com sua doce ternura me ensinou que as lutas, mesmo as mais duras, se fazem com amor.

À Dirce, companheira de vida, a Theo, Fernando e Francisco.
À Clara, Sofia, Julia e Luiza, para que a vida continue.

SUMÁRIO

Nota à Segunda Edição..11

Prefácio..13

Introdução...17

PRIMEIRA PARTE
A transformação da terra em propriedade

A propriedade individual...25
A igreja e a propriedade...27
De Locke a Voltaire: o elogio da propriedade.............................32
Da teoria à prática: a lei portuguesa de terras.............................39
A propriedade e as Constituições Nacionais...............................44
A propriedade privada como contrato...52
A propriedade pública como uso, utilidade................................59
Propriedade e liberdade no Brasil..64
As sesmarias na prática do Brasil colonial..................................71
As terras devolutas...78
Os povos indígenas e a propriedade..94
Outros povos tradicionais e a propriedade...............................102
A terra mercadoria, terra vazia do capitalismo........................106

SEGUNDA PARTE
Terra: um direito à vida

O Estado do Bem-Estar Social..113
Uma Função Social para a Propriedade....................................119

Constituição Mexicana: um marco..128
A Reforma Agrária que nasceu do povo: Bolívia..........................136
Chile, a reforma agrária profunda...144
Colômbia: uma Constituição para o século XXI.........................146
A Constituição Bolivariana da Venezuela e sua Lei......................151
O Equador e a natureza..154
Cuba e a terra socialista..158

TERCEIRA PARTE
A difícil luta pelos territórios de vida
Brasil: um pedaço de chão para viver...165
Função social à brasileira...176
A Constituição Brasileira de 1988..185
A função social e a propriedade absoluta......................................190
As armadilhas do texto constitucional e suas interpretações.......193
As propriedades rurais e seu uso...198
O não cumprimento da função social
e as garantias possessórias..203
Um conceito para a produtividade...212
Desapropriação sanção?...216
A quase solução do Código Civil:
uma desapropriação judicial?..221
Os territórios de vida..230

Conclusão...233
Bibliografia...237

Dedico este trabalho de forma especial e emocionada a um velho companheiro: Manoel Jacinto, o Marechal de Campo. A mão calejada dava uma especial legitimidade a suas palavras sábias e profundas. Não me lembro, desde os idos de 1968, ter conhecido uma pessoa que me impressionara tanto. Discutia política internacional com a mesma simplicidade que colhia uma flor, pondo nos dois atos a ternura quase rude de um camponês que sabe das coisas do mundo. Com seu sorriso franco e fraterno e com a singeleza de quem conhece os segredos da terra me ensinou coisas que nenhuma Universidade conseguiu apagar. Citava os clássicos e conhecia os modernos, para ele não havia segredos nem no traquejo da enxada, nem na conjunta internacional. Gostaria de ter convivido com Manoel Jacinto muito mais tempo, mas então, sob a ditadura, cada minuto era disputado com a atenção, com o medo e com a esperança. Guardo na memória as longas caminhadas a seu lado, porque parar era sempre perigoso, atravessando o Rio de Janeiro inteiro, fazendo hora para chegar ao encontro marcado que não admitia atraso ou adiantamento. Como aprendi naquelas caminhadas tensas! Muito mais que teoria. Hoje, cada vez que me reúno com companheiros e companheiras dos movimentos populares, lembro de Manuel Jacinto como um guia, símbolo, exemplo; gostaria que todos o tivessem conhecido e admirado e todos, como ele, tivessem a profunda fé, idêntica à do camponês que planta a semente, de que um mundo melhor é possível e se pode construí-lo com as próprias mãos, como quem arroteia a terra e reparte o fruto.

NOTA À SEGUNDA EDIÇÃO

A primeira edição veio a lume em 2003. Naquele ano, no Brasil, havia aumentado a esperança de que a Reforma Agrária fosse intensificada e os seus limites constitucionais fossem utilizados em sua plenitude. A legalidade infraconstitucional produzida nos 15 anos pós Constituição os havia rebaixado e era de se esperar que a partir de 2003, com a eleição de Lula e o Partido dos Trabalhadores, houvesse uma retomada do espírito constitucional da Reforma Agrária e da função social da propriedade. Essa esperança não foi cumprida e as dificuldades aumentaram na medida em que o Poder Judiciário, especialmente o Supremo Tribunal Federal, começou a assentar interpretações ainda menos favoráveis ao espírito constitucional e limitando ainda mais a aplicação das normas legais que tinham a clara intenção de reduzir a aplicação do capítulo constitucional chamado "Da Política Agrícola e Fundiária e da Reforma Agrária".

Depois de 14 anos de governos populares no Brasil, de duas constituições que trataram a terra e a natureza com seres a proteger, no Equador e na Bolívia, com o avanço das formas de uso da terra em Cuba, que culminou em 2019 com uma nova Constituições, e outros tantos e tão profundos acontecimentos que expuseram com clareza que o uso da terra de forma individual e destrutiva condenará as sociedades humanas ao descalabro e passados dezessete anos da publicação da primeira edição se fazia imperioso uma revisão deste livro, além do fato da primeira edição, feita exclusivamente em papel, estar esgotada há muito tempo. Já que seria necessário editá-lo de novo, foi feito uma revisão para adequá-lo à segunda década do século XXI.

Por isto, esta não é apenas uma segunda edição, mas uma completa revisão do livro, mantido seu aspecto histórico e jurídico, acrescentado os avanços do século XXI e reforçada a ideia de que a destruição da terra e da natureza são contrárias às sociedades humanas e, por isso, reforçada a ideia de que a discussão sobre a função social da terra é essencialmente socioambiental.

Além de vários estudos acrescentados, como as análises da questão agrária no Chile, Equador e Cuba, o livro ganhou um prefácio da Professora Doutora Maria Cristina Vidotte Blanco Tarrega, coordenadora do programa de Pós-Graduação em Direito Agrário da Universidade Federal de Goiânia.

Agradeço a Paula Harumi Kanno a ajuda e apoio dado para a concretização desta segunda edição.

PREFÁCIO

Poucas palavras sobre a Função Social da Terra

Qual terra?

A boa terra. A terra que habita em mim e que sou, e sendo, torno-a minha.

É dessa terra ou dessas terras tocadas por muitas gentes que fala Marés.

A terra que se abre como flor, como cantam os Guaranis.

"A terra se abre como flor.
Todos podem ver
Nossa pequena família numa boa.
Alimentos brotam por encantamento para nossas bocas.
Queremos"

A Tierra que dá nome ao Pedro, que diz
"A Liberdade da Terra não é assunto de lavradores.
A Liberdade da Terra é assunto de todos quantos se alimentam dos frutos da Terra."

A Boa Terra de Pearl Buck, que faz o camponês compreender que

"seu lugar era a terra e ele não podia viver plenamente enquanto não sentisse a terra sob os seus pés, não seguisse um arado na primavera e não carregasse uma foice na mão durante a colheita."

A Terra em Cio, na poesia de Chico e Milton, louvando a mulher do campo na colheita,

"Afagar a terra
Conhecer os desejos da terra
Cio da terra, a propícia estação
E fecundar o chão."

La Tierra de Gabriella Mistral em que
"se oye el fuego que sube y baja
buscando el cielo, y no sosiega.
Rueda y rueda, se oyen los ríos
en cascadas que no se cuentan.
Se oyen mugir los animales;
se oye el hacha comer la selva.
Se oyen sonar telares indios.
Se oyen trillas, se oyen fiestas."

É dessas terras de muitas pessoas e gentes que trata o livro A Função Social da Terra.

A terra bem comum.

A terra que tudo provê, de onde se tira o sustento e a alegria de viver.

Da função social dessa terra.

Não me cabe dizer da grandiosidade da obra. Ela já o disse. Todos o disseram. Só me concerne permitir-me tocar pelos ensinamentos ali contidos e me regozijar da oferta dela tornar-me partícipe. Afinal, só posso atribuir esse convite para escrever sobre a Função Social da Terra ao jeito simples e generoso de Marés compartilhar a vida com todas as pessoas de todas as tribos. Mas é para mim uma grande honra e responsabilidade. É felicidade e gratidão.

Como nada se pode acrescentar àquilo que por si fala, calha-me apenas lembrar com os leitores da singularidade da contextualização histórica na qual a obra insere a dogmática jurídica que juridiciza a posse e a propriedade da terra, mostrando-nos os percalços e violências deste processo, dando-nos caminhos para identificar a sua verdadeira função social. Impende-me rememorar a precisão com que a obra revela os arranjos políticos e jurídicos pelos quais se organizaram em fartos pedaços, representados em títulos dados a grandes proprietários, a terra mercantilizada, expulsando as gentes e intensificando a pobreza.

Marés nos ensina que a Carta Cidadã não protege a propriedade vazia, sem função social, negando-lhe direitos. Que "No Brasil após 1988, a propriedade que não cumpre sua função social não esta protegida ou simplesmente propriedade não é. Na realidade quem cumpre a função social não é a propriedade, que é um conceito, mas sim, a terra." E o que se fez até hoje foi colonização, não reforma agrária. Saberes preciosos que poderiam garantir a justiça agrária e a democracia, se bem usados. Aquilo que os povos latino-americanos com suas revoluções buscaram e em momentos implantaram, em outros países; história acrescentada agora nessa segunda edição.

Ouvimos dele, atentos, sobre a insurgência da natureza e dos povos reclamando terras, água e ar com liberdade, a preservação da biodiversidade e das diversas culturas reveladas na sociodiversidade, a dar o significado preciso da função social da terra.

Com Marés aprendemos, por fim, que a terra dá vida e reproduz a vida para todos os seus habitantes, todos os seres viventes- a sua função é manter a vida, não importa o que o direito diga.

A terra é provedora da vida, por essência.

Uma boa leitura a todas e todos.
Que aprendamos com ela o respeito à terra.

Goiânia, primavera de 2019.
Maria Cristina Vidotte Blanco Tarrega

INTRODUÇÃO

As sociedades humanas sempre tiveram, em todas as épocas e formas de organização, especial atenção ao uso e ocupação da terra. A razão é óbvia: todas as sociedades tiraram dela seu sustento. E entenda-se sustento tanto o pão de cada dia como a ética refundidora da sociedade. A argamassa espiritual que une uma sociedade flui a partir das condições físicas do território em que o povo habita.

Não são poucas as culturas que têm na terra uma divindade especial e todas lhe dedicam tributo. Algumas a chamam de pai, pátria, e outras de mãe, *pacha mama*[1]. Mas toda sociedade humana tem se organizado segundo as possibilidades que lhe dá a terra em que lhe coube viver, aprende a conviver com o vento gelado dos polos ou o calor sufocante dos trópicos, modifica, constrói, interfere, mas vive da terra.

Homens e mulheres foram conhecendo a linguagem dos animais e os segredos das plantas. Até as pedras e o barro foram entregando sua intimidade, revelando sua beleza e brandura. E assim, dominando o território, se fizeram senhores das coisas e, conhecendo-lhes a alma, tiraram proveito de misturas impossíveis a outros animais, fizeram ferramentas, adoçaram o rigor do cupuaçu com o leite suave da castanha, apimentaram o caldo insosso, fizeram da uva a delícia do vinho. Foram construindo um mundo cada vez mais humano, domesticando plantas e animais e os pondo a seu serviço.

---

[1] Pacha mama é como os Quechuas chamam e que é representada por uma figura humana, uma mulher levando ao colo sua criança.

É muito recente e localizada a prática de concentrar a produção num espaço de terra, e ainda mais recente transformar essa concentração em proveito de uma única pessoa e chamar a isso direito de propriedade.

As sociedades agrícolas sedimentares foram dando cada vez mais importância aos produtos da terra e passaram a restringi-los, quer dizer, cada vez mais foi se fazendo uma ligação entre os frutos da terra e o indivíduo que os produzia. Os caçadores e coletores sempre repartiram tudo, generosamente, permitindo que todos, inclusive as plantas e os animais, participassem do reparto, deixando a apanha e caça à força e habilidade de cada um. A agricultura fez da terra um espaço privado, os homens, ou melhor, cada homem passou a controlar o seu produto e a partir daí se promoveu uma mudança de comportamento ético, passando o ser humano a se considerar o destinatário do Universo, subjugando todos os animais e plantas e, ao final, a supremacia de alguns homens sobre todos os outros homens. O ser humano perdera o paraíso, no mito de criação.

A partir daí, e até bem poucos anos atrás, se imaginava que as riquezas da terra eram inesgotáveis e, como havia sido criada para o sustento e deleite do ser humano, tudo proveria, da lenha ao petróleo, do trigo à guloseima. E mais, proveria os ornamentos, as necessidades, os orgulhos de cada um, cujo único valor seria o esforço para conseguir, o talento para modificar, e a força para acumular.

A terra e seus frutos passaram a ter donos, um direito excludente, acumulativo, individual. Direito tão geral e pleno que continha em si o direito de não usar, não produzir. Este direito criado pelo ser humano e considerado a essência do processo civilizatório acabou por ser, ele mesmo, fonte de muitos males, agrediu de forma profunda a natureza, modificou-a a ponto de destruição, agrediu o próprio ser humano porque lhe quebrou a fraternidade, permitindo que a fome e a necessidade alheia não lhe tocassem o coração.

A propriedade da terra gera males paradoxais[2] porque destrói a natureza com força devastadora e argumenta que mais precisa destruir para dar de comer a desesperado e incontável contingente humano. Ironicamente, quanto mais destrói a natureza, menos vida possibilita, inclusive humana, quanto mais domina e altera os seres vivos, mais se aproxima da morte. Há algo de errado nessa lógica inversa, não é possível que a garantia de um direito individual seja o flagelo do direito dos povos.

O discurso jurídico atual, porém, procura romper com o flagelo, mas se vê impotente algumas vezes frente à marcada ideologia de sua interpretação. Sempre há uma vírgula, um advérbio ou uma contradição entre incisos ou parágrafos que permitem ao intérprete, juiz, administrador público ou fiscal dizer o que não é e manter, por mais algum tempo, o flagelo. A ideologia da propriedade privada, individualista e absoluta, mesmo contra o texto da lei ainda impera no seio do Estado, ou no seio da elite dominante que dita a interpretação que lhe favorece.

Quem lê na Constituição Brasileira de 1988 os capítulos do meio ambiente, dos índios, da cultura, as regras garantidoras da propriedade privada sempre vinculada a uma função social, a limitação de juros, a defesa do povo que neste território vive, os privilégios admitidos a suas empresas, pode imaginar que o Brasil

---

[2] PROUDHON, Pierre Joseph. **¿Que es la propiedad?**. Madrid: Ediciones Orbis S/A, 1984; e ROUSSEAU Jean-Jacques, **Discurso sobre a origem e os fundamentos da desigualdade social**. Rio de Janeiro: Ediouro, 1994.

é um país que tem instrumentos para caminhar decididamente em direção à felicidade, rompendo o paradigma da propriedade excludente e injusta.

Mais ainda, quem lê na Constituição que a finalidade, o objetivo e os fundamentos do Estado brasileiro não são só a proteção dos direitos individuais, como estabelecia a velha ordem de 1824, mas a erradicação das desigualdades sociais, da pobreza, a promoção da solidariedade e dignidade de pessoa, a construção de uma sociedade justa e livre, se apercebe que ela estabeleceu princípios a serem seguidos e claras pistas para interpretar as normas contidas em seu texto.

Esta verificação entusiasma o jurista que vê a possibilidade de o sistema engendrar a transformação da sociedade corrigindo as injustiças com a simples garantia ou retirada de garantia de determinados direitos. A produção democrática da lei impõe aos governantes, ao judiciário e à polícia, braço repressor do Estado, comportamento de transformação.

Nem sempre, porém, esse entusiasmo se vê correspondido pela realidade que pode ser muito mais dura do que a imagem que o jurista faz de seus códigos. Entretanto, há modificações; e as leis, embora não promovam mudanças na sociedade, as reflete. As mudanças que aparecem nas normas jurídicas são sinais da vontade social e solidificam os anseios da sociedade de rompimentos, melhoras e aperfeiçoamento. As novas leis podem ser o argumento para o povo convencer os recalcitrantes sempre empoleirados no poder. Mas tem que se ter claro que a lei, mesmo quando escrita com clareza ou inserida na Constituição, continua em disputa e sua aplicação ou esquecimento depende do quanto cada classe, setor ou povo é capaz de garantir.

O caso do limite dos juros, acima citado, é paradigmático. Em 1988 a Constituição foi promulgada com um dispositivo com a seguinte redação: Art. 192, § 3º: "As taxas de juros reais, nelas incluídas comissões e quaisquer outras remunerações direta ou indiretamente referidas à concessão de crédito, não poderão ser superiores a doze por cento ao ano; a cobrança acima deste limite será conceituada como crime de usura, punido, em todas as suas modalidades, nos termos que a lei determinar". O STF entendeu que não era autoaplicável porque o caput do artigo dizia que o sistema financeiro deveria ser regulado por lei complementar. A lei já havia, de 1964, e não se referia a juros reais, então o STF entendeu que deveria esperar uma nova lei para limitar os juros e aplicar novas penas, que nunca veio e, portanto, nunca foi respeitado o limite. Em 2003 o Congresso Nacional revogou o dispositivo constitucional pela EC nº 40 e cinco anos depois, em 2008, para sepultar qualquer discussão sobre a usura sistematicamente praticada por todos os bancos, o STF emitiu uma súmula vinculante, a de nº 7, que estabeleceu: "A norma do § 3º do artigo 192 da Constituição, revogada pela Emenda Constitucional nº 40/2003, que limitava a taxa de juros reais a 12% ao ano, tinha sua aplicação condicionada à edição de lei complementar". Neste caso, os Bancos ganharam a disputa, aliás, tem sido reiterado no STF a vitória dos Bancos, proprietários de terras, e outros setores ligados diretamente aos setores do poder econômico.

O fato, entretanto, é que apesar disso a atualidade questiona os velhos paradigmas jurídicos estabelecidos no decorrer do século XIX e alterados no século XX, cujo assento principal era a liberdade contratual como fundamento da propriedade individual da terra, da forma mais absoluta possível. O primeiro passo de mudança se deu exatamente em atribuir à propriedade da terra uma condição de produtividade. Isto procurava acabar com a possibilidade de manter a terra de especulação, uma terra à espera de valorização pelos investimentos públicos. Este passo, ainda que óbvio e teoricamente consensual, não havia vozes discordantes, foi tímido quando confrontado com a realidade e com o sistema jurídico que necessitava de regras mais precisas, mas foi um passo. E ainda assim, não observado.

Na metade do século XX, quando ainda não estava de toda assentada a produtividade como elemento a compor o direito de propriedade da terra, o mundo assistiu a necessidade de preservar o meio ambiente, de manter a biodiversidade, a vida das espécies, inclusive daquelas a quem o homem chamava de nocivas. Esta necessidade de preservação do ambiente sadio começou a ser reconhecido como direito. Este direito não se parece com o direito de propriedade excludente, mas com aquele geral que ficou perdido na cultura constitucionalista, de que cada um tem o direito de não ser excluído dos frutos da terra, de seu uso. Isto é, um direito coletivo indivisível, inalienável no técnico sentido da palavra, e, portanto, inapropriável individualmente. Dito de forma mais clara, um direito que não admite contrato e dele não se origina. O direito coletivo ao meio ambiente sadio engloba o direito a não passar fome, não sofrer miséria, poder viver em paz. Este direito está intrinsecamente ligado à terra e à necessidade dos seres humanos viverem na terra. O direito coletivo aqui tratado não se confunde com os direitos de um grupo de indivíduos formado por contrato como o condomínio ou as sociedades civis ou empresariais. Trata-se de um direito comum a um grupo, por ser grupo como um povo ou comunidade, ou difusamente estabelecido entre todos, como o direito ao meio ambiente ecologicamente equilibrado.

Tudo estaria como dantes, e não haveria problemas em sua realização, se estes dois direitos, os individuais e os coletivos, vivessem vida apartada e se se pudesse impor uma dicotomia entre individuais e coletivos, como se arranjou entre os públicos e os privados. A contradição paradigmática atual é que estes direitos coletivos existem exatamente na restrição dos direitos individuais de propriedade, porque existem neles, como coisa a eles pegada, grudada de tal forma que a propriedade individual não é mais do que o suporte onde habita o coletivo. Isto impõe ao direito individual de propriedade, especialmente da terra, mais do que uma obrigação, uma repartição de direitos.

Os direitos coletivos assim, como direitos à vida, vieram pôr em xeque o paradigma em tal magnitude que a velha concepção de produtividade já não é suficiente para acomodar a paz social nem aplacar a fome universal.

A terra ainda é sinônimo de vida, apesar de tanta matança ter havido em seu nome. E é vida não só porque oferece frutos que matam a fome, mas porque purifica o ar que se respira e a água que se bebe. Fosse pouco, dá ainda o sentido do viver humano, sua referência, sua história, sua utopia e seu sonho.

Tão simples explicação, porém, parece não ser compreendida nem pelos proprietários, que pouco ou nada fazem para compatibilizá-la com a vida, nem pelos poderes do Estado. Na vida real a propriedade continua sendo julgada pelos Tribunais e compreendida pelos Administradores da coisa pública como se ainda sua ideia mestra fosse a velha Constituição Portuguesa de 1822 que dizia ser a propriedade "o direito sagrado e inviolável de se dispor à vontade de todos os bens"[3].

---

[3] Artigo 6º da Constituição Portuguesa de 1822.

A cultura que confunde a terra e sua função humana, social, com o direito abstrato de propriedade, exclusivo e excludente, faz uma opção contra a vida. Mas porque, apesar de tão claras necessidades, tão evidentes lógicas, tantas mazelas sociais e ambientais, continua tão difícil mudar a concepção da propriedade? Como se formou esta convicção tão arraigada de que a propriedade é o próprio homem e nenhum direito pode ser mais sagrado do que ela?

Tentar entender este fenômeno e buscar os caminhos de sua superação é a razão do presente trabalho. E por isso ele se chama função social da terra e não da propriedade.

PRIMEIRA PARTE

A transformação da terra em propriedade

A propriedade individual

A ideia de apropriação individual, exclusiva e absoluta, de uma gleba de terra não é universal, nem histórica nem geograficamente. Ao contrário, é uma construção humana localizada e recente. Estado e Direito modernos começam a surgir na Europa lá por volta do século XIII, talvez antes, teorizados a partir do século XVI com as informações fantásticas que traziam de cada parte do mundo as caravelas dos aventureiros, conquistadores e mercadores.

Os teóricos iam recebendo as notícias, comparando com a realidade e formulando teorias, ao estado natural corresponderia um estado social que pudesse gerir os novos tempos em que os pequenos grupos, feudos ou urbes já não teriam a autossuficiência de outrora, e o mercado passava a considerar os homens não mais pela sua nobreza ou qualidades, mas pelo valor de seus bens acumulados e pela sua capacidade ou disposição de acumular cada vez mais.

Assim, o desenvolvimento da concepção de propriedade atual foi sendo construída com o mercantilismo, com trezentos anos de elaboração teórica controvertida e incerto desenho (séculos XVI, XVII e XVIII), baseados na prática e na necessidade das classes sociais nascentes; e duzentos anos de sua realização prática (séculos XIX e XX), com lutas e enfrentamentos e, principalmente, mudanças internas, concessões, falácias, promessas poéticas e violência desmesurada, guerras. Hoje é visível a crise deste modelo, o Estado e a propriedade, assim concebidos e realizados, chegaram a seu esgotamento teórico e prático.

Marco jurídico fundamental da propriedade moderna é a revolução francesa e a elaboração das constituições nacionais. A revolução francesa foi o coroamento de um longo processo de lutas e transformações por que passou a Europa, como a reforma, a revolução inglesa e a holandesa, que fez finalmente da burguesia a senhora do poder civil da sociedade.

As constituições, a partir da francesa de 1793, se propuseram a organizar o Estado e garantir direitos. Esta dualidade correspondia à ideia de se ter um único direito, universal e geral, legitimado por uma organização estatal que pudesse representar os cidadãos que tivessem direitos, igualdade de tratamento e liberdade de assumir compromissos e obrigações.

Portanto, podemos dizer que o Estado moderno foi teoricamente construído para garantir a igualdade, a liberdade e a propriedade. Dito de outra forma, a função do Estado, no momento de sua constituição, era garantir a propriedade que necessita da liberdade e igualdade para existir. Só homens livres podem ser proprietários, podem adquirir propriedade, porque faz parte da ideia da propriedade a possibilidade de adquiri-la e transferi-la livremente. A igualdade é, por sua vez, essencial para a relação entre homens livres, somente o contrato entre iguais pode ser válido. O escravo e o servo não contratam, se submetem. Para que exista o Estado e a propriedade da terra e de outros bens, tal como a conhecemos hoje, é necessário que haja o trabalhador livre; a contrapartida da propriedade absoluta, plena, da terra é a liberdade dos trabalhadores.

Este sistema, que foi reproduzido muito cedo na América Latina, para sua plena realização dependia de homens livres que pudessem ser proprietários absolutos de seus bens e, se despossuídos de bens, fossem livres para contratar sua força de trabalho. A liberdade pessoal não era um pressuposto filosófico abstrato, mas uma necessidade contratual, uma garantia do capital que, evidentemente, tinha, e tem ainda, o individualismo, como fundamento. Não havia mais espaço, no século XVIII europeu, para a relação servil de trabalho, a acumulação capitalista estava a exigir a liberdade dos trabalhadores, que deixariam a terra e se transformariam em operários fabris. Na América, como as terras já estavam consideradas desocupadas por não se reconhecer a ocupação indígena, não houve necessidade de libertar os trabalhadores, e se manteve o velho sistema escravista por quase todo o século XIX.

A Igreja e a propriedade

Os trezentos anos que antecederam a "constituição" do Estado moderno serviram para que a teoria europeia fosse desenhando o seu perfil e fundamento. Os filósofos e políticos daqueles séculos foram discutindo como se deveria organizar o poder civil, desde o início do século XVI até o XIX, Lutero, Calvino, Bodin, Hobbes, Maquiavel, Locke, Rousseau, Montesquieu, Morus, Pufendorf, Francisco de Vitória, Bartolomé de Las Casas[4] trataram das coisas da sociedade organizada, do Estado, da política, dos governos, da religião, de Deus e dos direitos que encontravam no próprio sistema legitimidade e funcionalidade. Nestas discussões

---
[4] A lista destes teóricos pode ser imensa e incluem ficcionista como Swift, Voltaire, Shakespeare, Milton, Cervantes, Camões e Dante.

surgia sempre a ideia e a justificativa da propriedade que iria ser o grande direito individual a ser assegurado pelo nascente Estado.

É claro que todos os teóricos tinham por base a realidade em que viviam. Se Bartolomé de Las Casas e Locke se aproximavam em muitas coisas embora partissem de tão diferentes situações, é por que em geral a Europa vivia momento muito especial, ou melhor, a chamada civilização ocidental, romana, judaico-cristã, estava a se modificar radicalmente e careceria de intérpretes e teóricos que marcassem o pensamento transformador daquela época.

Evidentemente todo esse caldo de pensamento foi muito mais rico e polêmico do que hoje podemos apreciar, mas marcaram tão indelevelmente a formação dos Estados contemporâneos e seu Direito, que se pode ver a palavra de cada um e de todos metida nas constituições vigentes. A própria palavra constituição para designar a lei matriz do Estado leva a ideia de coisa nova, inventada, criada, construída, como se o Estado fosse uma invenção da modernidade.

É fácil observar que da lista atrás arrolada praticamente todos eram bispos, padres, pastores ou, pelo menos, sofriam influência da Igreja, por isso se pode dizer que o pensamento cristão informou todos os teóricos que viriam a construir os alicerces do Estado e do Direito contemporâneos, sejam católicos ou protestantes. A defesa da propriedade seria uma reinterpretação do Evangelho, das Sagradas Escrituras e das palavras dos santos. A prova da veracidade dos pensamentos filosóficos seria encontrada nos textos bíblicos.

Exatamente por isso acompanhar a evolução do pensamento oficial da Igreja sobre a ideia de propriedade significa acompanhar os movimentos oficiais deste conceito no seio do poder político. Os primeiros pensadores católicos se insurgem contra a injustiça da propriedade romana, por seu caráter já excludente. São Basílio, pelo século V dizia a respeito:

> *¿Quién es avaro? El que no se contenta con el suficiente. ¿Quién es ladrón? El que quita lo ajeno. Y tu ¿no eres avaro, no eres ladrón, cuando te apropias de lo que has recibido como administrador? ¿Es que se va a llamar ladrón al que desnuda a quien está vestido, y va a haber otro nombre al que no viste al desnudo, pudiendo hacerlo? El pan que retienes, es del hambriento; el vestido que conservas guardado en el armario, es del desnudo; el calzado que se pudre en su casa, es del descalzo; la plata que guardas enterrada, es del necesitado*[5].

Santo Tomas de Aquino (1225-1274), em sua obra principal, a Suma Teológica, aceitou a existência da propriedade, mas não a considerava um direito natural, portanto não admitia como um direito que pudesse se opor ao bem comum ou a necessidade alheia. Fazendo a distinção entre o direito natural e o direito humano ou positivo, aquele oriundo da própria natureza humana, de inspiração divina, e este mera criação do homem em sociedade, diz:

> O que é de direito humano não pode abolir o direito natural ou o direito divino. Pois bem, segundo a ordem natural instituída pela divina providência, as coisas inferiores estão ordenadas à satisfação das necessidades dos homens. Por esta razão, os bens supérfluos que algumas pessoas possuem são devidos por direito natural ao sustento dos pobres.

---

[5] Citado por Eduardo Rubianes em seu livro **El dominio de los bienes segun la doctrina de la Iglesia,** publicada em Quito, pela PUC-Ecuador, em 1993.

E continua

> Usar uma coisa alheia subtraída ocultamente em caso de extrema necessidade não é um furto propriamente dito, pois tal necessidade torna nosso o que tomamos para sustentar nossa própria vida. No caso de uma necessidade semelhante pode-se também tomar clandestinamente a coisa alheia para socorrer o próximo indigente[6].

Santo Tomas fazia a distinção entre o usar e o dispor. Para ele, dispor era a faculdade do proprietário escolher como entregar aos necessitados o que lhe sobejava, portanto, a faculdade de transferir o bem que lhe pertence; o direito de usar era um direito natural de todos os homens e o direito de dispor, um direito positivo, criado pelo homem em sociedade. Está claro que para ele a ideia de dispor não era a de vender ou trocar por outro bem, num negócio comercial, mas entregar a quem precisava, aos necessitados. A ideia da disposição como a liberdade de troca de bens ou alienação onerosa, é muito posterior, sustentada por Locke. Santo Tomás defendia que o que sobejava não podia ser acumulado, mas distribuído entre os necessitados, segundo os parâmetros de São Basílio. O dispor, assim, significava tão somente a possibilidade de escolher a quem distribuir.

Somente depois que a teoria política e as leis passaram a tratar a propriedade como um direito natural, no século XVIII, às portas da constitucionalização do Estado e de construção ou invenção da propriedade privada tal como a conhecemos hoje, é que a Igreja católica a reconheceu como direito natural,

---
[6] As citações foram extraídas do livro **Ensino social da Igreja**, de Ricardo Antocich e José Miguel Munarriz Saens, p. 142 e 143.

oponível a todos os outros direitos criados pela sociedade. Esta nova ideia legitimava o fundamento da Constituição Portuguesa de 1822 que reconhecia a propriedade como um direito sagrado e inviolável.

Depois de Santo Tomás, no século XIII, até o século XIX, há um silêncio da Igreja sobre o tema, o que significou abençoar a propriedade feudal e logo depois a mercantil, dela cobrando dízimos e indulgências, sem críticas ou anátemas. Com a tomada de poder pela burguesia e a constituição dos Estados Nacionais, a Igreja católica passou a defender oficialmente a propriedade privada, abençoando, então, disposições como a da Constituição Portuguesa. Mesmo quando a Igreja Católica começou a construir uma posição crítica ao liberalismo, com a Encíclica *Rerum Novarum* (1891), o fez em defesa da propriedade privada contra o socialismo que propunha a sua abolição.

Muito recentemente a Igreja, oficialmente, passou a ter posição mais contundente em relação à propriedade da terra, especialmente quando o Papa João Paulo II, em 1979, no discurso inaugural do *Seminário Palafoxiano de Puebla de los Angeles*, México disse "sobre toda propriedade pesa uma hipoteca social", aliás muito parecido com que já tinha dito, em 1917, a Constituição mexicana, nascida da revolução de 1910.

Esta ideia de hipoteca social expressada pelo Papa em Puebla, somada pelo documento "Para uma melhor distribuição da terra: o desafio da reforma agrária" aprovado pelo Pontifício Conselho Justiça e Paz, em 1997, é uma tímida volta às origens da ideia cristã expressada por Santo Tomás e São Basílio. Deve-se fazer uma ressalva importante: quando estes dois teólogos tratavam da propriedade das coisas, não estavam se referindo à terra, mas de seus frutos. A terra não era objeto de propriedade excludente, mas sim as coisas produzidas pelo ser humano ou por ele colhidas. A terra como objeto de direito de propriedade independente de produção ou uso é criação do capitalismo.

No interregno de silêncio oficial da Igreja, muitos homens do pensamento a ela ligados manifestaram posições que viriam ser paradigmáticas para o horizonte do Estado contemporâneo.

De Locke a Voltaire: o elogio da propriedade

John Locke (1632-1704), foi o grande pensador da propriedade contemporânea, analisou a sociedade em mutação e organizou a defesa teórica da propriedade burguesa, absoluta, que viria a se transformar no direito fundante das constituições liberais próximas. Até Locke a civilização cristã entendia a propriedade como uma utilidade, um *utendi*, a partir dele e na construção capitalista, passa ser um direito subjetivo independente. Locke retoma a ideia de que a origem ou o fundamento da propriedade é o trabalho humano, isto é, o poder sobre as coisas se exerce na medida em que se agrega a elas algo de si, o trabalho. Isto sob o argumento de que cada um é proprietário de seu corpo, sendo o trabalho uma extensão dele. A apropriação está limitada, porém, à possibilidade de uso, dizendo que a ninguém é lícito ter como propriedade mais do que pode usar. Diz que tudo o que uma pessoa possa reter será sua propriedade, mas se alguma coisa se deteriora sem uso, fere o direito natural de todos a usar das coisas que Deus criou na natureza. Estabelece, portanto, um limite estreito à propriedade: *"Todo lo que uno pueda usar para ventaja de su vida, antes de que se eche a perder, será lo que le está permitido apropiarse mediante su trabajo. Mas todo aquello que exceda lo utilizable, será de otro*"[7].

Nesta perspectiva Locke aprofunda a ideia de Santo Tomás de que o direito de propriedade se restringe ao uso, porque tudo o que exceda ao utilizável será de outro. Entretanto, Locke agrega um conceito, o de corruptível, deteriorável, e afirma que o excedente, para não pertencer ao proprietário tem que estar em risco de se deteriorar. Afirma então que não é a falta de uso que descaracteriza a propriedade, mas a possibilidade de que se ponha em deterioro. Se uma pessoa colhe mais frutos do que pode comer está avançando na propriedade comum, mas se não são frutos deterioráveis, se são bens duráveis que não se deterioram, pode os ter à vontade. Em geral, afirma, os bens duráveis, como a pedra, não têm utilidade humana e, portanto, não tem interesse em se discutir a propriedade. Por isso, e para isso, a sociedade inventou bens não deterioráveis com valor universal, como ouro, prata, âmbar e, finalmente, o dinheiro, passível de acumulação. Esta lógica é o ponto chave para construir a legitimidade da acumulação capitalista futura, porque restringia o bem comum às coisas corruptíveis, como os alimentos.

Locke, assim, admite que o excedente, desde que não seja corruptível, deteriorável, pode ser acumulado e, claro, o corruptível pode ser trocado pelos não corruptíveis, afirmando que a sociedade civil e o governo foram criados exatamente para garantir esta acumulação:

---

[7] LOCKE, John. **Segundo tratado sobre el gobierno civil.** Barcelona: Altaya, 1994. p. 59.

> "... es claro que los hombres han acordado que la posesión de la tierra sea desproporcionada y desigual. (...) mediante tácito e voluntario consentimiento, han descubierto el modo en que un hombre puede poseer más tierra de la que es capaz de usar, recibiendo oro o plata a cambio de la tierra sobrante; oro y plata pueden ser acumulados sin causar daño a nadie (...). (...) en los gobiernos, las leyes regulan el derecho de propiedad, y la posesión de la tierra es determinada por constituciones positivas"[8].

Locke em sua construção teórica justifica a acumulação capitalista, reconhecendo que a propriedade pode ser legítima e ilimitada se se transforma em capital, em ouro, em prata, em dinheiro. É evidente que não poderia imaginar o resultado dessa acumulação para o século XX, nem mesmo sonharia com a revolução industrial e a violentíssima acumulação primária dos séculos XVIII e XIX, mas defendia as ideias mercantilistas de então, garantindo uma legitimidade teórica e moral para a propriedade privada, acumulável, disponível, alienável, como um direito natural. Com a introdução da noção de bens corruptíveis, se afasta de Santo Tomás, que não admitia a acumulação qualquer que fosse, e se revela um verdadeiro mercantilista[9].

O limite da propriedade, para Locke, é a ilegitimidade da propriedade de bens corruptíveis não trocados, portanto, não é lícito a alguém possuir mais bens corruptíveis dos que pos-

---

[8] LOCKE, John. ob. cit. p.74. Estudo mais profundo sobre este tema desenvolveu: MACPHERSON, C.B. **A teoria política do individualismo possesivo:** de Hobbes a Locke. Rio de Janeiro: Paz e Terra, 1979.
[9] Como o dizia C.B. Macpherson: "E basta nos referirmos aos tratados econômicos de Locke para vermos que era um mercantilista para o qual a acumulação de ouro era um alvo correto da política mercantil, não como um fim em si mesmo, mas porque acelerava e aumentava o comércio". ob. cit. p. 216.

sa usar sem transformá-lo em capital. Sua teoria não veria com bons olhos a queima de estoques para manutenção de preço, por exemplo. Isto significa que o capitalismo foi mais longe e extirpou do conceito de propriedade qualquer conceito ético que pudesse subsistir em Locke, até mesmo o alimento e os remédios deixaram de ser bem comum para o capitalismo.

Locke estabeleceu uma relação muito estreita da propriedade com o trabalho quando defendeu que a possibilidade de acumulação está diretamente relacionada com a possibilidade de adquirir, comprar trabalho alheio. A lógica é direta, como o trabalho é o único meio de gerar originariamente legítima propriedade, ao se comprar trabalho alheio, se está comprando a legítima propriedade por ele produzida, dizia. A partir daí, as transferências do bem passam a ser legítimas só pelo contrato de compra e venda. Com esta ideia Adam Smith funda a economia política, formando a base para Ricardo e depois Marx, estudarem o trabalho como a medida de valor das mercadorias[10].

Quer dizer, Locke inicia sua reflexão afirmando que a única propriedade legítima é a produzida pelo trabalho e somente pode se acumular até a quantidade corruptível. Se o bem não é corruptível é infinitamente acumulável, mas como se junta tantos bens? Com a possibilidade de pagar pelo trabalho alheio, já que o trabalho produz propriedade. Esta elaboração teórica e moral se encaixava como uma luva para o pensamento burguês e suas necessidades de acumulação de capital. Daí a importância para

---

[10]RICARDO, David. **Principios da economía política y tributación.** México: Fondo de Cultura Económica, 1985. E Marx em toda sua obra, especialmente: MARX, Karl. **O capital:** crítica da economia política. Livro primeiro. São Paulo: Abril Cultural. 1984.

o capitalismo do contrato livre entre partes formalmente iguais. Toda teoria jurídica posterior vai assentar a legitimidade da propriedade de bens na transferência contratual e na legitimidade originária da aquisição, normalmente um contrato de trabalho.

Este raciocínio é claro para os produtos manufaturados, mas tem consequências diversas para a terra e seus frutos. Embora Locke afirmasse que havia terra abundante e que sua propriedade estava ligada diretamente à produção, isto é, proprietário seria quem a usasse, o capitalismo a transformou em bem jurídico sujeito a uma propriedade privada, a ela estabelecendo valor de troca. Por muito tempo o mercantilismo se baseava em comércio de bens supérfluos, de luxo, restrito às classes abastadas. A terra passou a ser mercadoria com o crescimento do capitalismo e com a transformação agrária na Inglaterra, que reduziu as propriedades comuns de campos e pastagens a proprietários únicos, individuais pelo processo de cercamentos (*enclosures*)[11]. De tal forma que duzentos anos depois de Locke, a terra já era propriedade privada, legitimada pelo contrato e tendo como origem um ato do governo que a cedia ou reconhecia a sua ocupação. Com esta transformação, os frutos da terra, corruptíveis por natureza, passaram também a ser acumuláveis, abandonando-se a ideia de Locke. Poder acumular bens deterioráveis significava a possibilidade, o poder, de destruí-los, quer dizer, se o proprietário não deseja usar o bem, é lícito que o destrua porque nisto consiste sua liberdade. A terra deixava de ser uma provedora de alimento para ser uma reprodutora de capital.

Voltaire em seu dicionário filosófico considerou a propriedade da terra um direito natural e necessário ao bem-estar de todos.

---

[11] WOOD, Ellen Meinskin. As origens agrárias do capitalismo. In: **Revista "Crítica Marxista"**. São Paulo, n. 10 p.12-30. 2000

Aliás o verbete propriedade é uma defesa apaixonada das virtudes da propriedade privada, de quanto a sua existência podia ser benéfica para todos, mesmo para os trabalhadores que não a podiam usufruir. A partir do século XVIII, o direito e a coisa passam a se confundir, chama-se a terra de propriedade, porque passa a ser demarcada, cercada, identificada individualmente e "melhorada".

Voltaire diz que a propriedade é liberdade. Exatamente essa era a contradição da terra, a propriedade feudal, relativa e ligada a servos não-proprietários se contrapunha a outra propriedade nascente, de homens livres, que livremente contratavam sua força de trabalho, para proprietários absolutos, que determinavam o quê, como e quando plantar. A terra estava deixando de ser a fonte de todos os bens de consumo da família do servo e do nobre, para passar a ser a produtora de mercadorias que deveriam render lucros aos capitais investidos na produção. A lógica da propriedade da terra estava sendo profundamente alterada: de produtora de bens de imediato consumo para quem a trabalhava à produtora de bens que pudessem ser transformados na nascente indústria, que disso faria não bens consumíveis ou corruptíveis, mas capital infinitamente acumulável.

"Da Suíça à China, os camponeses possuem terras próprias. Somente o direito de conquista pode despojar os homens de um direito tão natural"[12] dizia Voltaire em seu dicionário filosófico. Acreditava que fosse positiva a transformação da terra em propriedade exclusiva ainda que expulsasse os servos, os camponeses, porque os transformaria em homens livres, que livremente poderiam vender sua força de trabalho:

---

[12] VOLTAIRE, François Marie Arouet de. **Cartas Inglesas; tratado de metafísica; dicionário filosófico.** Seleção e tradução de Marilena de Souza Chauí. São Paulo: Abril Cultural, 1978. p. 271.

> Todos os camponeses não serão ricos, e não é preciso que o sejam. Carecemos de homens que tenham seus braços e boa vontade. Mas até esses homens que parecem o rebotalho da sorte, participarão da felicidade dos outros. Serão livres para vender o seu trabalho a quem quiser pagá-los melhor. A liberdade será a sua propriedade. A esperança certa de um justo salário os sustentará[13].

Voltaire imaginava que a sociedade civil e o governo baseados na propriedade e no trabalho livre poderiam trazer não só riqueza, mas felicidade aos homens, a todos os homens. E note-se que Voltaire sempre foi considerado um pessimista.

Na era dos direitos positivos, das Constituições, quando o Estado foi "constituído", as leis esqueceram os preâmbulos e as diferenças entre perecíveis e não perecíveis, toda a propriedade, da terra, dos alimentos, dos remédios, do ouro ou do âmbar, passou a ser direito subjetivo e até mesmo direito natural de cada indivíduo que tivesse a sorte ou a argúcia de tomá-la para si. Os tímidos limites que os pensadores imaginaram para a propriedade absoluta de terras e outros bens, deixaram de existir, os Estados constitucionais reconheceram na propriedade a base de todos os direitos e mais do que isso, o fundamento do próprio Direito.

---
[13] Voltaire, ob. cit. p. 272.

Da teoria à prática: a lei portuguesa de terras

Enquanto os teóricos elaboravam a justificativa moral, política e jurídica para a nascente propriedade capitalista, na realidade das sociedades europeias a transformação ocorria. O caso de Portugal é não só elucidativo, como influente na formação do direito e sociedade brasileiros.

A abundância de terras e a falta de trabalhadores que se estendia por praticamente toda a Europa, talvez ocasionada pela peste negra, pelo êxodo rural, pela expulsão dos mouros na península ibérica, fizeram crescer o valor do trabalho humano. Isto somado ao interesse de produção de bens que se pudesse mercadejar, fazia com que cada vez ganhasse mais importância o trabalho da terra e não o trabalho para outrem, ao serviço de outrem, mas o trabalho para si mesmo. Por isso, dizia Virgínia Rau ao analisar a ocupação territorial portuguesa depois da expulsão dos mouros: "Para levar o homem a romper o brejo, empunhar o machado para lutar contra a floresta e a pegar no arado para arrotear a terra brava, só a concessão de terrenos e de liberdade pessoal seriam estímulos suficientemente fortes para o conseguir"[14].

O sistema feudal, baseado em relações de senhorio e de motivações extraeconômicas, não era suficiente para empurrar o Estado português, nascente, a ocupação da terra ou a manutenção das famílias na terra haveria de ser feita com base no interesse da própria família em nela permanecer, daí a liberdade pessoal e a propriedade.

Portugal nasceu no século XII, numa época em que se começava a operar grandes transformações na Europa. Naquele iní-

---
[14] RAU, Virgínia. **Sesmarias medievais portuguesas.** Lisboa Presença, 1982. p. 28.

cio, e ainda por muito tempo, a propriedade da terra esteve ligada a obrigatoriedade de cultivo[15]. Assim, o que se podia chamar de propriedade era o uso da terra. O direito à terra, portanto, estava ligado ao seu uso, à sua transformação. Neste sentido o valor da terra estava diretamente ligado ao valor do trabalho, já que nada podia valer a terra sem o trabalho que a fecundasse. O nascimento do direito de propriedade ou do direito de usar e dispor da terra, em Portugal, está ligado à liberdade do trabalho. O trabalho livre e a livre propriedade da terra são pressupostos do ulterior desenvolvimento da modernidade e do próprio mercantilismo.

As leis de Portugal e Espanha dessa época são abundantes em tratar do valor da moeda, do salário, normalmente estipulado em seu máximo, das jornadas, estabelecidas como um dia de trabalho e exercido de sol a sol e a perseguição dos vadios. Todas estas medidas legislativas tinham em vista a produção agrária. É ainda Virgínia Rau que em seu precioso livro nos ensina:

> Em Portugal, data do século XIII, de 1211, o primeiro diploma legislativo que manda perseguir os vadios, e da mesma centúria é também o primeiro que se ocupa do tabelamento do preço de certos gêneros e da taxa dos salários dos servidores rurais - a lei de D. Afonso III, de 26 de dezembro de 1253. A partir de então a "população que vivia de soldada, estava sujeita a prescrições rigorosas para a compelirem a trabalhar". Traça-se definitivamente uma linha divisória entre o homem trabalhando por conta própria e o assalariado. Assim como a fortuna determinava gradações e distinções de alcance jurídico entre os indivíduos da população

---

[15] Portugal considera como data de fundação a sagração de D. Afonso Henriques como seu primeiro rei, em 1143.

ordinária, era também o direito de propriedade sobre bens avaliados em trezentas libras e a posse de bois para lavrar a terra, que libertava o homem da obrigação de trabalhar por conta alheia[16].

São inúmeras as leis, a partir daí, que tratam do trabalho e das remunerações, das obrigações de trabalhar e contra a vadiagem. Apesar disso, cada vez ficava mais difícil e, não adiantavam as leis contra os vadios e as que estabeleciam salários máximos, os braços livres exigiam mais soldos ou se negavam a trabalhar simplesmente. É nesse momento histórico que surgiu em Portugal a Lei de sesmarias, provavelmente a primeira lei agrária da Europa digna desse nome. Com ela passa a ser condição de propriedade da terra o seu cultivo, evidentemente convivendo com os restos do sistema e da ideologia feudais, que vão paulatinamente perdendo espaço territorial e político.

Verificando que faltavam braços para lavrar a terra, havendo concentração de pessoas ociosas e famintas nas cidades, o Rei de Portugal, D. Fernando, em 1375, obrigou os proprietários de terras a produzir sob pena de expropriação e aos braços livres a trabalhar para os proprietários, estabelecendo salários máximos e os vinculando a contratos que tivessem a duração de pelo menos um ano. Com isso criava o Instituto das Sesmarias, com a qual obrigava a todos transformarem suas terras em lavradio, sob pena de não o fazendo, a perderem a quem quisesse trabalhar, além de penas severas que poderiam variar da expropriação, açoites ou desterro.

A lei de sesmaria assumiu integralmente a ideia da propriedade como o direito de usar a terra e, mais do que isso, a obrigação

---

[16] *Idem, ibidem.*

de nela lavrar. Por isso, antes de ser uma lei de direitos, é uma lei de obrigações: obrigação de cultivar a terra; limite a manutenção do gado a apenas o indispensável para puxar o arado; obrigação do trabalhador estar vinculado a um patrão com salário máximo estabelecido; fixação das rendas a serem pagas pelos lavradores aos proprietários de terras, em caso de arrendamento, etc.

Em 1514, as sesmarias foram reestruturadas pelas Ordenações Manuelinas[17]. O instituto foi repetido pelas Ordenações Filipinas, em 1603, com o texto que nos chegou e que tem servido como seu conceito mais acabado:

> Sesmarias são propriamente dadas de terras, casas ou pardieiros, que foram ou são de algum senhorio, e que já em outro tempo foram lavradas e aproveitadas, e agora o não são. As quais terras e os bens assim danificados e destruídos podem e devem ser dados em sesmaria pelos Sesmeiros, que para isso forem ordenados[18].

A Lei estipulava um prazo de cinco anos para que a gleba cedida em sesmaria fosse integralmente demarcada e aproveitada, caso contrário seria revogada e entregue a outro interessado. Cumprindo o prazo eram confirmadas, adquirindo-se o direito à gleba. Este direito, como se vê, estava ligado à ocupação e uso

---

[17] Ordenações eram compilações ou consolidações de leis vigentes à época. Eram verdadeiros códigos que compreendiam todos os ramos do direito, determinadas por um rei. Três grandes ordenações se seguiram em Portugal, as Afonsinas, em 1447, as Manuelinas em 1514 e, finalmente, as Filipinas, em 1603.

[18] PORTUGAL. **Collecção da Legislação antiga e Moderna do Reino de Portugal.** Parte II, Da Legislação Moderna. Ordenações do Reino de Portugal, recopiladas per mandado del rei D. Felippe, o Primeiro. 9ª edição, 3 tomos. Coimbra: Real imprensa da Universidade, 1824. Livro IV, Título XVIII. Atualizado ortograficamente.

da terra, quer dizer a propriedade tinha pronta vinculação com o seu exercício efetivo, já que se não houvesse efetiva ocupação, poderia a gleba novamente ser dada em sesmaria.

Deve-se notar que o instituto foi criado no século XIV, para resolver situação específica daquela época e, embora tenha sido readmitido em todas as Ordenações do Reino, foi cada vez menos usado em Portugal, especialmente depois do século XVI.

O processo de avanço da propriedade mercantilista, impulsionada pela descoberta da América e do novo caminho para as Índias, a profunda reviravolta no pensamento filosófico e no jurídico, cada vez mais se aproximando do direito de propriedade como uma garantia ao seu pleno e absoluto exercício, foi enfraquecendo o instituto até a sua inviabilidade total no começo do século XIX, com a constitucionalização da sociedade portuguesa e a fundação do Estado Nacional.

Quer dizer, a propriedade mercantil portuguesa nasceu como um direito ao uso produtivo, mas foi se transformando até ser um direito independente, cuja legitimidade estaria vinculada ao negócio jurídico que a trocou por dinheiro ou outro bem não corruptível. Comparando, assim, a trajetória da teoria com a prática portuguesa fica fácil entender o processo histórico de criação da propriedade privada no mundo contemporâneo e a afirmação certa de que ela é uma invenção recente, construção humana que nada tem de sagrada, nem de natural.

A propriedade e as Constituições Nacionais

Todo o direito do Estado moderno está assentado na concepção dos direitos individuais. Estes direitos eram nada mais nada menos que a possibilidade de cada homem livre adquirir direitos. Quer dizer, a organização estatal estava criada para garantir, individualmente, o exercício de direitos individuais. Temos de um lado o "homem livre", nem servo nem escravo, pronto para contratar (leia-se vender) sua própria força de trabalho e teoricamente capaz de adquirir (com o produto da venda do seu trabalho) propriedade. Locke dizia que somente era legítima a propriedade que fosse resultado do próprio trabalho, sendo legítimo a qualquer pessoa comprar o trabalho alheio e, portanto, o seu fruto[19]. Nesta ideia estão os dois lados, o trabalhador livre que produz propriedade legítima, e a possibilidade de adquirir legitimamente bens. Está também claro que o trabalhador ao vender seu trabalho recebe apenas o mínimo para subsistência, já que sua produção (que seria sua propriedade legítima) está transferida para quem lhe comprou o trabalho. Exatamente por isso, mais tarde, Marx demonstraria que o que é vendido pelo trabalhador não é o trabalho, mas a força de trabalho, como um potencial de produção de bens.

Estas ideias foram transferidas para o corpo das Constituições, assim, a francesa do ano I (correspondente ao ano 1793 do calendário gregoriano) estabelecia: "O Governo existe para garantir ao homem o gozo dos seus direitos naturais e imprescritíveis" (artigo 1°). O artigo 2° esclarecia quais eram estes direitos

---

[19] John Locke. Ob. cit.

naturais e imprescritíveis: "a igualdade, a liberdade, a segurança e a propriedade"[20].

Exemplar na formulação do Estado Liberal é a Constituição de Cádiz[21], que definia claramente ser a propriedade o direito individual mais importante: "A Nação tem o dever de conservar e proteger, por meio de leis sábias e justas, a liberdade civil, a propriedade e os demais direitos legítimos de todos os indivíduos que a compõe"[22].

A primeira Constituição Portuguesa de 1822 dispunha: "A Constituição Política da nação Portuguesa tem por objeto manter a liberdade, segurança e propriedade de todos os portugueses". E mais adiante definia que a propriedade é um direito sagrado e inviolável de se dispor à vontade de todos os bens (artigo 6°). A brasileira imperial, de 1824, seguia o mesmo tom, menos apaixonado, mas de semelhante conteúdo:

Art. 179: A inviolabilidade dos direitos civis e políticos dos cidadãos brasileiros, que tem por base a liberdade, a segurança individual e a propriedade, é garantida pela Constituição do Império, pela maneira seguinte:

> XXII - é garantido o direito de propriedade em toda sua plenitude. Se o bem jurídico legalmente verificado exigir o uso e emprego da Propriedade do Cidadão, será ele previamente indenizado do valor dela. A lei marcará os casos em que terá lugar esta única exceção, e se dará as regras para se determinar a indenização.

---

[20] MIRANDA, Jorge. **Textos históricos do direito constitucional.** Lisboa: Imprensa Nacional/Casa da Moeda, 1980. p. 75.
[21] Constituição de Cádiz é como é chamada a Constituição Espanhola de 1812.
[22] MIRANDA, Jorge, *idem*, p. 108. ver também a propósito a brilhante análise deste dispositivo pelo constitucionalista e historiador espanhol CLAVERO, Bartolomé. **Propriedad como libertad: declaración del derecho de 1812.** Madrid: Ministerio de Justicia, 1990. p.101.

Em todas estas constituições o que está realmente protegido é o direito de propriedade, porque a liberdade, a igualdade e a segurança são pressupostos da propriedade moderna e significam: contrato de homens livres e iguais, garantida sua execução pelo Estado.

O direito foi se construindo sobre a ideia da propriedade privada capaz de ser patrimoniada, isto é, de ser um bem, uma coisa que pudesse ser usada, fruída, gozada, com absoluta disponibilidade do proprietário e acumulável, indefinidamente. Portanto, esta propriedade deveria ser exercida sobre um bem material, concreto. Isto significa que o direito individual é, ele também, físico, concreto. A propriedade assim, era coisa que se subordinava à vontade livre do proprietário que dela podia usar e abusar, excluindo qualquer interesse ou direito alheio. O proprietário podia, então, usar ou não usar, e mesmo não usando não a perdia, neste sentido, o direito de propriedade estava concebido como imprescritível. O seu fim dependia da vontade livre do proprietário que, tendo poder de vida e morte sobre o bem, poderia destruí-lo ou aliená-lo, transferindo-o a outra pessoa livre, por um contrato: o proprietário passa a ser senhor absoluto da coisa objeto de seu direito.

O Direito Privado, também chamado de Civil, detalhou os direitos individuais centrando-os, evidentemente, na propriedade, de tal forma que os Códigos contêm cláusulas para solucionar qualquer disputa possível. Imaginam e legislam sobre situações como, por exemplo, a de um fruto que, pendente da árvore que nasce em uma propriedade, cairá, ao amadurecer, em outra. Ou ainda situações de transmissão de propriedade *causa mortis* quando sucessor e sucedido morrem ao mesmo tempo, ou ainda, quem será o proprietário do álveo do rio que seca. Estes detalhes revelam a preocupação extrema e cuidadosa do legislador com o direito individual de propriedade.

Apesar do esmero das legislações é raro encontrar nas leis definições de propriedade. O Código Civil Brasileiro (Lei 10.406, de 10 de janeiro de 2002), reproduzindo o mesmo conteúdo do anterior, de 1916, por exemplo, dedica o Título III do Livro III (Direito das Coisas) à propriedade, com cinco capítulos e mais de 140 artigos e não define a propriedade, dispondo tão somente sobre as faculdades do proprietário de usar, gozar e dispor da coisa, e o direito de reavê-la do poder de quem quer que injustamente a possua ou detenha[23]. A propriedade tão discutida nos séculos anteriores passou a ser um dado da realidade, absoluta e indefinível e de proteção cogente para as Constituições e Estados Constitucionais capitalistas nascentes[24]. Karl Polanyi no começo do século XX fazia uma crítica à propriedade privada da terra afirmando que com isso havia uma privatização da natureza e que isso desequilibra a sociedade[25].

Os outros direitos consignados nas velhas constituições, como a segurança, a liberdade e a igualdade, como definia a francesa de 1793, não mereceram nunca dos legisladores tal cuidado. Aliás, somente mereceram detalhamentos em sua estreita relação com a propriedade e sua fonte de legitimação, o contrato, como garantia de segurança jurídica de poder reaver os bens de quem injustamente os possua, ou ter a liberdade de dispor, usar ou não usar seus bens, ou ainda ter garantida a igualdade no momento de contratar sua transferência.

[23] Artigo 1.228 do Código Civil Brasileiro, Lei nº 10.406, de 10 de janeiro de 2002.
[24] É claro que no século XIX o debate continuou, com críticos severos da propriedade privada, como Proudhom, que afirmava ser a propriedade um roubo, enquanto, de outro lado, Thiers defendia a propriedade como um direito natural, integrante da condição humana. É do século XIX, também, as sérias e profundas críticas de Marx e Engels à propriedade dos meios de produção, nunca bem resolvida pelos Códigos Civis.
[25] POLANYI, Karl. **A grande transformação**: as origens de nossa época. Rio de Janeiro: Campus-Elsevier, 2000.

Muito cedo estes princípios de direito individual tiveram que resolver problemas não individuais, como a propriedade comum de todos e as propriedades comerciais, independentes dos indivíduos que as compunham.

A propriedade comum de todos, passou a ser do próprio Estado, criando-se a dicotomia público/privado (o que é privado não é público, o que é público tem que ser estatal). Para a propriedade comercial, o direito civil - ou comercial - foi criando a noção de sociedades, sempre ligadas aos indivíduos que as compunham até recriar, mais recentemente a sociedade anônima, ao emprestar a noção de pessoa, responsabilidade e capacidade à ficção da pessoa jurídica, que embora formada de pessoas individuais múltiplas e desconhecidas, é una. Esta criação reafirma a ideia de individualidade patrimonial. Mais tarde o Estado passou a ser considerado uma pessoa jurídica, reafirmando a supremacia dos direitos individuais, já que o Estado, ficcionalmente, passa a ser uma pessoa, diferente, mas individual.

O desenho da propriedade privada sempre foi muito claro desde as constituições nascentes, não acontecendo o mesmo com a propriedade pública (estatal). A dicotomia público/privado é uma criação dos Estados constitucionais. Enquanto toda a teoria jurídica dos séculos anteriores estava preocupada com a legitimação da propriedade, as definições do Estado, ou sua teoria pública, se preocupava com a organização estatal, seu funcionamento, representatividade, organicidade, competência e eficácias[26].

Seria ingênuo e equivocado pensar que a "propriedade pública" não existe ou que não tivesse sido referida pela legislação

---

[26] Ver especialmente neste particular a obra de Jean Bodin, especialmente: BODIN, Jean. **Los seis libros de la república.** 2 volumes. Madrid Centro de estudios Constitucionales, 1992.

pré-constitucional. Ao contrário, desde que se começou a construir, na Europa, a ideia do homem livre e de sua propriedade privada, se organizou, paralelamente e como exceção, a propriedade pública (estatal).

A ideia era a de que todos os bens (jurídica e materialmente considerados) pudessem ser apropriados a um patrimônio individual. A terra também, e com especial importância por ser uma produtora natural de bens e matéria prima. Assim, todo quinhão de terra de um país estaria destinado a ser privado e produtivo. O bom senso indicava que haveria necessidade de caminhos, estradas e outras "utilidades comuns" a todos os cidadãos, assim como o Estado precisava de prédios para seus agentes, policiais e juízes. Os bens ou as terras que servissem a estes fins teriam sempre uma utilidade pública controlada pelo Estado. Finalmente, com a invenção da pessoa jurídica de direito público, passaram a ser propriedade do Estado. Até hoje o termo propriedade do Estado é visto com restrições, alguns juristas têm preferido chamá-la de domínio público ou bens do Estado, como usa a Constituição vigente no Brasil. A diferença está no caráter livre e absoluto da propriedade privada em contraposição com a indisponibilidade dos bens públicos. Mas o certo é que a propriedade pública está ligada ao uso público - do Estado ou do cidadão - e a privada é um poder (direito) do proprietário, independente do uso que faça.

Nesta perspectiva, de que a propriedade pública é uso concreto e a privada é direito abstrato, dispõe a Constituição Brasileira de 1824 ao estabelecer a possibilidade de desapropriação de bens de particulares que tivessem utilidade para o uso público.

Todo bem que ganha uma utilidade pública será transferido à propriedade do Estado com indenização ao proprietário privado existente. Esta norma revela que a propriedade privada não necessitava de utilidade social, por ser um direito abstrato do proprietário, teria a utilidade que ele lhe desse, incluindo nisso uma inutilidade. Este poder outorgava um caráter absoluto à propriedade, já que dependia exclusivamente da vontade do seu titular, que sendo livre, poderia expressá-la quando e como entendesse. Revelava, ainda, a norma constitucional, que todas as coisas deveriam ser privadas, sendo a propriedade pública uma exceção de uso.

Em um ensaio escrito em 1977, intitulado "Direitos humanos como direito de propriedade", Macpherson analisa a evolução do conceito de propriedade nos seguintes termos:

> Desde Aristóteles até o século XVII, o conceito de propriedade abrangeu dois direitos individuais: o direito individual de excluir outrem do uso e gozo de qualquer coisa, e o direito individual de não ser excluído do uso e gozo das coisas que a sociedade declara como sendo de uso comum –terras, parques, estradas, águas. Ambos eram direitos do indivíduo. (...) Do século XVII aos tempos atuais, a noção de propriedade geralmente foi mais estreita, ficando reduzida ao primeiro direito – o direito de excluir outrem[27].

Na mudança de noção, a terra deixou de ser um direito de todos para ser um direito individual, excludente, por isso, a necessidade de desapropriação, conforme o disposto da Constituição imperial, para os usos públicos. Se a terra fosse um bem de todos, uma utilidade comum, não haveria a necessidade de desapropria-

---

[27] MACPHERSON, C.B. **Ascensão e queda da justiça econômica e outros ensaios.** Rio de Janeiro: Paz e Terra. 1991 p. 104-105.

ção, mas tão somente de redistribuição para melhor aproveitamento, como acontecia durante a vigência da lei das sesmarias.

A criação da propriedade moderna coloca de um lado uma pessoa, que é titular do direito, chamada sujeito de direitos, um indivíduo. De outro lado, objeto desse direito, um bem, uma coisa, que compõe o patrimônio individual. No início este bem era material, físico, depois, com o tempo alcançou as abstrações, como a invenção, os direitos de autor e atualmente até a moral e o bom nome individual passaram a ser objetos de direitos patrimoniais, o que significa que estas coisas podem ter valores estabelecidos e serem trocadas por outros bens como o dinheiro.

Desta forma, tudo o que fosse coletivo e não pudesse ser entendido como uso público não teria relevância jurídica. Tudo o que não pudesse ser materializado em patrimônio e não pudesse ter um valor ainda que simbólico também estava fora do Direito. E o titular de um direito haveria de ser sempre uma pessoa individual que pudesse ser responsabilizada por seus atos, tendo, além de direitos, deveres. Estes deveres são entendidos a partir de uma relação com outro titular de direito, o que significa que são, elas também, obrigações individuais.

O objeto do direito individual haveria, também, de ser individual, conhecido e avaliável economicamente. Nesta avaliação reside sua juridicidade, a tal ponto que o direito resolve todas as pendências, em última instância, em perdas e danos. Esta regra até mesmo para bens patrimoniais intangíveis, como o chamado dano moral, a propriedade intelectual e os direitos de autor. Até mesmo a vida individual passa a ser valorada patrimonialmente.

Para organizar esta estrutura social armada com as nascentes Constituições do século XIX, surgiram os Códigos Civis, Comerciais e Penais.

A propriedade privada como contrato

A leitura do artigo 179, citado, da Constituição Imperial Brasileira de 1824 chama a atenção por duas coisas, primeiro o reconhecimento do direito em toda a sua plenitude, e em segundo pela única exceção existente, a desapropriação.

"Em toda a sua plenitude" quer dizer exatamente que a propriedade garantida tem caráter absoluto, oponível e excludente de todos os interesses e direitos individuais alheios. A afirmação é quase tão eloquente quanto a da portuguesa que a considerava um direito sagrado e inviolável. A plenitude de um direito é, na verdade, a plenitude de seu exercício, quer dizer que nenhum limite haverá de se impor a ele.

Embora não esteja dito, está claro que a Constituição e as leis que a regulamentam tratam a terra como bem jurídico objeto do direito absoluto e excludente. Os Códigos vão nascendo, na França, na Alemanha e se espalhando pelo mundo, reavivando e remarcando o desenho de propriedade privada da terra. Os Códigos regulamentam as diversas espécies de bens, entre eles os móveis e os imóveis. Mas a diferença é apenas formal, no modo ou procedimento de aquisição e prova, a propriedade é essencialmente uma só, a divisão em categorias tem o sentido de proteger melhor o direito excludente.

A propriedade descrita na Constituição de 1824 é privada e individual, a pública é exceção. No conceito geral está explícito que o proprietário pode tudo em relação ao bem que possui e, bastando a presunção da liberdade contratual, os acordos valem mesmo que sejam destrutivos dos bens. Além da terra, outro bem valiosíssimo entra no rol das propriedades, o trabalho, a partir da concepção de

Locke. Portanto, o contrato que compra a terra ou o trabalho são válidos a partir da mesma presunção, não importa que seja para deixar a terra inerte ou destruí-la, nem importa que a remuneração do trabalhador seja insuficiente sequer para mantê-lo vivo.

O elogio do trabalhador livre se transforma na presunção jurídica da liberdade contratual, vista sempre desde uma perspectiva individual. O contratante tem liberdade para fazer e desfazer, contratar e distratar. Os homens livres sem propriedade vendem sua força de trabalho, por valor evidentemente menor do que o dos bens produzidos, de tal forma que o resultado da produção pertence ao contratante, legitimado pelo contrato. Esta nova propriedade, legítima para o sistema, é fruto, portanto, do contrato.

Quer dizer, a legitimidade da propriedade moderna está assente no contrato: se for legítimo, legítima será a propriedade. A acumulação de bens e o aumento do patrimônio de uns pelo trabalho de outros, apropriando-se do resultado do trabalho alheio ganha status de legitimidade jurídica contratual. E onde reside a legitimidade contratual? Na livre manifestação de vontade, que por sua vez se assenta na ideia do homem, quer dizer indivíduo, livre de todas as amarras coletivas. O homem livre não é servo nem escravo, mas tampouco há de ser integrado a um grupo de pessoas com interesses (poder-se-ia dizer direitos?) comuns, como sindicatos, comunidades ou povos. Na ideia da cultura constitucional do século XIX, os direitos coletivos não podem ser admitidos porque restringem os individuais e obscurecem a liberdade contratual, sendo coletivos, nesta concepção, só a soma de direitos individuais, mantendo-se separados enquanto patrimônio.

As necessidades elementares da vida humana, como se alimentar e manter a prole, e as criadas pela vida social como se vestir ou abrigar-se das intempéries, encontrar alívio para as dores e realizar-se com os prazeres, não são levados em conta. O Estado moderno trata a liberdade apenas como a capacidade consciente de contratar e não como a liberdade da busca da felicidade que encontra os prazeres, medita nas crenças, crê nas ideias e luta por convicções. Aliás, observando a revolta popular por este entendimento faccioso da liberdade, o Papa Leão XIII, em 1891, publicou a encíclica *Rerum Novarum*, que, em defesa da propriedade privada, faz um libelo contra a desumanidade do contrato de trabalho, portanto contra a liberdade absoluta de contratar. Se liberdade é a escolha entre muitos, só o patrão tinha liberdade porque tinha a sua frente um batalhão de famintos pronto a ser contratado por qualquer preço que mitigasse sua fome diária.

Entretanto, diz a lei e a teoria, o contrato é o encontro de duas vontades. Uma única vontade não pode compô-lo. Esta é a ideia magnânima da modernidade. O trabalhador e o empregador capitalista têm que ser igualmente livres; comprador e vendedor devem ter o mesmo grau de liberdade na opção que fazem, qualquer interferência do Estado ou de outrem poderia viciar essa vontade e maculá-la indelevelmente. Isto fez com que igualdade e liberdade se transformassem em conceitos formais nos Códigos, palavras vazias de conteúdo e prenhes de mentiras.

A propriedade, assim, se conceitua como o produto do encontro de duas vontades na qual uma transfere a outra o que era legitimamente seu. O produto do trabalho do operário era seu, mas pelo contrato ficava transferido ao empregador, na ideia geradora de Locke. A única pergunta jurídica que cabia neste contexto era: "quis fazê-lo?" e não "teve necessidade de fazê-lo?" ou ainda "pode escolher entre várias alternativas?". Estas perguntas foram respondidas por Marx e os socialistas e teve como consequência a deslegitimação da propriedade na sua origem. O Papa também se fez a mesma pergunta e respondeu na Encíclica *Rerum Novarum* que para que possa ser garantida a propriedade privada é necessário que o contrato seja além de legítimo, justo, e para isso o Estado deve intervir. Leão XIII explicitamente considerou que a propriedade é um direito natural: "a propriedade particular e pessoal é para o homem, de direito natural. (...) deve reconhecer-se ao homem não só a faculdade geral de usar das coisas exteriores, mas ainda o direito estável e perpétuo de as possuir, tanto as que se consomem pelo uso, como as que permanecem depois de nos terem servido"[28].

Naquela Encíclica, foi retomada, como se vê, a ideia de Locke do direito à acumulação, e explicitava que a própria terra pode, e até é recomendável que seja, objeto de propriedade privada. Aliás, este texto católico é muito claro em defender a propriedade privada, expondo que Deus não deu a terra para todos, mas sim a entregou para que cada qual com sua indústria dela se apropriasse. Adiantava, porém, que o Estado deve estar preocupado com o contrato justo entre trabalhadores e patrões, para que o salário possibilitasse vida digna e o direito de conseguir, com poupança, adquirir propriedade das coisas e da terra. Arrolava a seguir os deveres do Estado: a garantia da propriedade e a garantia das relações de trabalho, dando proteção ao trabalho dos operários, das mulheres e das crianças.[29]

Na Segunda metade do século XIX, portanto, já tínhamos duas claras posições acerca da legitimidade da propriedade privada, ambas contrárias ao seu caráter absoluto: a primeira, dos

---

[28] IGREJA CATÓLICA. Papa Leão XIII. **Rerum Novarum.** 7ª edição. São Paulo Paulinas, 1983. p. 12 e 13.
[29] *Idem*, p. 38-51.

socialistas, argumentando que a propriedade individual dos bens essenciais, entre eles a terra, é ilegítima, e a segunda, liderada pela Igreja, de que a legitimidade não se assenta somente na legalidade do contrato livre, mas na avaliação da justeza dele.

A grande discussão de origem dessas duas posições é saber qual é o ponto justo, entre dois extremos, aquele que mata o trabalhador e sua família de fome, de um lado, ou aquele que remunera integralmente o trabalhador, entregando-lhe todo o valor agregado com seu trabalho e, portanto, não resultando nenhuma mais-valia para o empreendedor capitalista? Esta discussão, como se está a ver, aproxima ou distancia os socialistas dos cristãos, podendo até mesmo haver cristãos socialistas.

Se o contrato do trabalho, como originário do direito de propriedade sobre todos os bens móveis, traz este grau de complicação, a origem do direito de propriedade sobre a terra é ainda mais complexa: ninguém fez a terra (ou Deus a teria feito) e, portanto, não é possível um contrato com seu criador. Locke resolve este problema dizendo que não se trata de ser criador da terra, mas dos frutos da terra, isto é, a propriedade originária é de quem a tornou produtiva, chamando isso de direito de "melhoramento". Se observarmos bem não se trata de trabalhar a terra, mas de usá-la produtivamente, com fins lucrativos. Voltamos ao contrato de trabalho, pode-se comprar o trabalho (a força de trabalho) de alguém para trabalhar a terra e com isso ficaria legitimada a propriedade dos frutos da terra e própria aterra do contratante e não do trabalhador. Locke dizia ser de pouca importância a discussão sobre a propriedade da terra, que havia em abundância, e os bens abundantes têm pouco valor, mas sim da transformação da terra em unidade de produção. Este era o sentido do melhoramento.

A propriedade originária da terra na Europa, assim, dependia da liberação da gleba das amarras feudais, dos antigos direitos costumeiros, da produção para a subsistência e das chamadas terras comuns. Esta transformação se deu na Inglaterra, durante os séculos XVI a XVIII, com o instituto do cercamento (*enclosure*)[30].

Na América Latina, especialmente no Brasil, a legitimidade originária seria uma concessão do Estado. Até 1822, a concessão era por meio de sesmarias e depois de 1850, por meio de venda ou entrega de terras devolutas.

Resolvido o problema da origem, a modernidade assenta a legitimidade da propriedade da terra no contrato de transferência, inclusive cercando-o de proteção e formalidades, como o registro de imóveis. É que a terra começou a ganhar valor de troca e servir de garantia aos empréstimos dos capitais financeiros. Por esta razão os registros de imóveis passam a ser a forma de transferência de propriedade, isto é, a transferência somente se operaria com o registro do contrato, do negócio jurídico. O registro ganha esta característica somente em 1864, com a Lei 1.237, de 24 de setembro, que regulamentou as hipotecas[31].

A partir daí, a discussão jurídica capitalista ficou limitada ao contrato, a autonomia da vontade, a fraude a credores, aos direitos de terceiros, às formalidades contratuais, sucessões e herança. A propriedade se transfere por contratos, abstratamente, sem necessidade de qualquer nova criação. A propriedade é transferida como está, podendo o proprietário fazer dela o que melhor lhe pareça,

---

[30] WOOD no citado artigo diz: "...*enclosure* significou, mais precisamente, a extinção (como ou sem o cercamento das terras) dos direitos de uso baseados nos costumes dos quais muitas pessoas dependiam para tirar o sustento." WOOD, Ob.cit. p.22.
[31] NÚCLEO DE REGULARIZAÇÃO DE LOTEAMENTOS DA PGERJ. Ocupação por necessidade. **Revista de Direito da Procuradoria Geral do Rio de Janeiro**. n. 40. p. 105-117. 1988.

inclusive destruí-la, pois o dano será seu e ninguém pode reclamar o dano que alguém cause ao seu próprio patrimônio. Este direito, portanto, é tão absoluto, tão amplo que contém a própria destruição. O mais grave é que não se está falando de qualquer bem, mas da terra, fonte dos alimentos, da História, dos remédios, da vida.

A ideia era a de que um país constituído em Estado tivesse toda a sua terra ocupada por propriedades privadas. Na Europa, ao se constituírem os Estados, ficaram reconhecidos os direitos às terras ocupadas, apesar da violência do processo de reocupação pelos capitais mercantilistas. Nas Américas portuguesa e espanhola foi muito diferente, os títulos de propriedade concedidos pela Coroa aos povos indígenas foram anulados e reconhecidos apenas os que se enquadravam dentro dos novos padrões de direitos proprietários individuais. Todo o resto de terras estava aberto às concessões do Estado, segundo os interesses do capital mercantilista, para produção de bens que interessasse à metrópole não à fome dos nativos. Com isso os novos donos expulsaram os índios, os africanos fugidos do cativeiro, e os novos trabalhadores livres que crendo em sua liberdade resolveram ocupar um trecho de terra. A ocupação não gerou para eles propriedade, porque neste lado do mundo o sistema proprietário exigia que a propriedade fosse legitimada por um pedaço de papel outorgado pelo Governo. O Estado, e só ele, distribuía terras, reconhecia títulos e negava direitos. Pode-se dizer que os precoces Estados americanos se constituíram para legitimar essa propriedade originária, proibindo a seus filhos e entregando-as ao capital mercantil externo.

A intervenção deste Estado no processo de ocupação territorial é muito profunda, dominante se pode dizer. A terra disponível não é de quem a faz produzir, mas de quem o Estado escolhe. A ocupação de trecho livre é proibida e a terra sem dono, chamada devoluta ou baldia, está protegida da ocupação por ser terra do Estado que a pode vender quando, como e por quanto quiser. No Brasil esse processo é claríssimo e atendeu pelo nome jurídico de sesmaria, antes e terras devolutas, depois.

A partir dessa aquisição originária, dessa concessão do Estado, a transferência passava a se dar pelo contrato, como se viu. Quer dizer, a propriedade da terra é um pedaço de papel, cuja ocupação, aproveitamento e uso depende só da vontade do proprietário[32]. A terra, portanto, quando entra no mundo do patrimônio privado deixa de ser uma utilidade para ser apenas um documento, um registro, uma abstração, um direito. O aproveitamento da terra ganha, juridicamente, outros nomes, uso, usufruto, renda, assim como a ocupação física é chamada de posse. A Terra deixa de ser terra e vira propriedade.

A propriedade pública como uso, utilidade

As terras privadas, portanto, se legitimam por um contrato e estão detalhadamente tratadas nas legislações. As públicas sempre tiveram um tratamento muito diferente. São as sobras das privadas, são as que ainda não alcançaram o status de privadas, mas poderão alcançar um dia, quando passarem por uma forma originária de aquisição, como as devolutas, e são as necessárias ao uso de todos. Algumas terras

---

[32] O direito contemporâneo conhece outras formas de aquisição originária, como a usucapião, mas em geral não se aplicam às terras públicas, entre elas as devolutas. Para haver a usucapião a lei exige um descuido do proprietário, uma omissão. A ocupação das terras públicas pode vir a se transformar em propriedade pelo instituto da legitimação de posse, mas não é considerado um direito e sim um favor do Estado que não tem outra destinação para aquela terra ocupada. O tema será retomado.

privadas precisam passar ao uso de todos ou do Estado e, para isso, foi criado desde as Constituições fundadoras, como a de 1824 no Brasil, o instituto da desapropriação como integrante do próprio conceito de propriedade. A análise desta relação entre bens públicos e privados e as formas de passagem de um a outro adquire especial relevância para as necessidades atuais de reforma agrária, como veremos.

As descrições do que são bens públicos se encontra originalmente no Código Civil[33], hoje estão nas Constituições, mas ainda são usadas definições e categorias das leis civis, embora sob a ótica das normas constitucionais. O Código Napoleão dizia que os bens que não pertencem a particulares são administrados pelo Estado e só podem ser vendidos segundo as regras estabelecidas, acrescentando que os abandonados e os bens dos que morrem sem herdeiros, bem assim como os que são usados por todos, como os caminhos, as ruas, estradas e praias e "todas as porções do território francês não suscetíveis de uma propriedade privada" são considerados públicos[34].

Estes dispositivos do Código revelavam a ideia de que todos os bens devem ser privados, a natureza pública é transitória ou excepcional. Sempre que um bem possa ser privado, o sistema a ele encaminha. Entretanto, há o princípio da supremacia do interesse público, de tal sorte que a desapropriação é sempre possível. Neste caso, desde que indenize o patrimônio particular, o Estado poderá transferir o bem do cidadão, compulsoriamente, ao patrimônio público, dando-lhe a destinação vocacionada.

---

[33] O Código Civil Brasileiro estabelecido pela Lei 10.406, de 10 de janeiro de 2002, estabelece no artigo 98 e seguintes não só a diferenciação entre os bens públicos e privados, como a sua classificação, conceitos e características.

[34] DINIZ, Souza (org. e trad.). **Código Napoleão ou o código civil dos franceses.** Texto integral do Código de 1804 com todas as modificações nele posteriormente introduzidas. Rio de Janeiro: Distribuidora Record, 1962. Artigos 537-543.

Antes dos Estados adquirirem personalidade jurídica, quando foram alçados à categoria de pessoa, não eram proprietários, mas administradores dos bens úteis ou necessários à coletividade, como definia o Código Civil Francês. Depois, como pessoa jurídica, passaram a poder ter bens em propriedade. O velho Código Civil Brasileiro, de 1916, criou a categoria de bens dominicais, ou dominiais, para indicar aqueles que o Estado teria como se privados fossem. Sempre continuaria a existir restrições para a transferência destes bens que, como qualquer transferência depende de contrato e, então, se entra em outra seara, que é a de contratos públicos. Portanto, as restrições estão muito mais no contrato do que no bem propriamente dito. O contrato depende de vontade livre e a formação da vontade do Estado é mais complexa, porque depende de autorizações e publicidades desconhecidas na esfera privada.

Voltemos ao argumento anterior, a partir do momento em que o Estado passou a ser considerado pessoa, adquiriu a capacidade de ser proprietário, de contratar, e os bens assim adquiridos poderiam ser alienados de acordo com a legitimidade contratual que tinham. Não custa repetir que os limites já não estavam nestes bens, mas nos contratos que os fundamentam, já que é diferente a formação de vontade do ente estatal. Ao lado destes bens, porém, continuou a existir os antigos bens públicos, administrados pelo Estado, os de uso, estes sim, indisponíveis, porque deveriam cumprir uma missão, uma vocação, ou uma afetação pública já seja para o uso de toda população, chamados pelo Código Civil Brasileiro desde 1916 de "bens de uso comum do povo", como as ruas, estradas e praças, já seja para cumprir funções estatais, como as repartições públicas, escolas, hospitais e quartéis, que o Código chama de "bens de uso especial".

Esta divisão dos bens públicos em contratuais ou de uso vale também para os imateriais ou intangíveis. Por isso, o que se disse dos bens intangíveis privados, pode se dizer dos públicos. Há imateriais que são próprios do Estado, como nomes, símbolos e marcas, e os há de "uso comum do povo", como o meio ambiente ecologicamente equilibrado, bens sobre o patrimônio cultural, etc. Estes, entretanto, devem ser estudados com mais atenção, porque enquanto os materiais excluem qualquer propriedade privada, fiéis à dicotomia público/privado, os imateriais suportam-se em bens materiais que podem ser públicos ou privados. Quando um trecho de terra passa a ser estrada, é necessário ao Estado promover a desapropriação, porque aquele trecho deixou de ser privado para se tornar público. Muito diferente disso se dá quando um bem imaterial, como a referência histórica de uma construção ou a qualidade de um ambiente, ou ainda a beleza que encerra uma paisagem, é considerado público, de uso comum, interesse coletivo ou difuso. Este bem imaterial público necessita de um suporte material que seja privado ou público. O suporte material pode continuar privado independentemente do interesse ou direito público nele constituído, gerando obrigações ao proprietário e direitos à coletividade[35].

Os bens imateriais de uso comum adquirem, assim, uma nova forma no ordenamento e alteram a essência da propriedade em que se assentam, porque não impõem apenas limites ao uso, mas condicionam o próprio exercício do direito, isto faz com que

---

[35] Ver a propósito meu livro "Patrimônio cultural e proteção jurídica". Nele desenvolvo o estudo dos bens privados que servem de suporte para ao patrimônio cultural, especialmente ao patrimônio edificado.

seja criada uma estreita relação entre os bens de uso comum imateriais, como o meio ambiente ecologicamente equilibrado e os seus suportes materiais, sejam privados ou públicos. Porque estes adquirem a função de proteger aqueles, quer dizer, rompem com a plenitude da propriedade privada.

O edifício jurídico construído a partir da Constituição de 1824, que organizava a propriedade material e plena como central no sistema e a desapropriação como seu corolário necessário, já não se mantém no Brasil apesar da insistência de intérpretes e operadores que teimam em afirmar que qualquer uso público, coletivo ou difuso deve ser precedido de desapropriação, sem aceitar que a propriedade tenha deixado de ser absoluta e ainda quando o uso comum é apenas da sua imaterialidade.

A concepção de propriedade absoluta construída no início do liberalismo nunca pode ser completamente aplicada porque sempre esteve longe da realidade e distanciada dos interesses do povo, servindo apenas à acumulação do capital e afastando o ser humano da natureza, isto é, de sua fonte primeira de vida. Por isso nunca conseguiu apagar totalmente a função ou uso social que a terra sempre teve. Na América Latina, e no Brasil especialmente, o caráter absoluto da propriedade foi mais intenso e até meados do século XX qualquer limitação era deixada para a terra de propriedade pública, como é exemplo o Código Florestal de 1934[36]. Hoje, entretanto, é visível que proteger a natureza e as sociedades somente em propriedade pública não é suficiente para cumprir todas as limitações que o uso da terra deve ter para atingir o uso ou função socioambiental. Porque existe uma utilidade social que é mais que estatal e que se opõe, muitas ve-

---

[36] BRASIL. Código Florestal de 1934, Decreto nº 23.793, de 26 de fevereiro de 1934 (revogado).

zes, aos interesses do Estado, que está, invariavelmente, subordinado aos interesses econômicos capitalistas.

Assim, o uso ou função da terra e de outros bens sempre existiu na sociedade, mas há pouco tempo o Direito passou a reconhecê-lo e integrá-lo na chamada Ordem Jurídica. Isto quer dizer, a transformação da terra em propriedade privada foi um processo teórico, ideológico contrário à realidade, à sociedade e aos interesses das pessoas em geral, dos grupos humanos e dos povos, porque todos dependem da terra para viver. Exatamente por isso foram se criando exceções, no início chamadas públicas, hoje coletivas ou difusas, estreitando, ou aproximando da realidade, a ideia da propriedade. A terra, que tem a função de prover as necessidades não apenas humanas, mas de todos os seres vivos não pode ficar subordinada a uma produção que não seja útil a todos os seres vivos.

No Brasil e em toda a América Latina, esta inadequação da transformação da terra em propriedade fica evidenciada quando se olha para as populações indígenas, para quem o Direito e o Estado até hoje procuram soluções impossíveis para a assimilação privatista.

Propriedade e liberdade no Brasil

Nas novas regras, elegante e falsamente chamadas de civilizatórias, os índios não tinham direito à propriedade da terra, portanto a Coroa portuguesa tratou de criar ou aplicar instrumentos capazes de legitimar o domínio privado original. Para não perder o controle da ocupação e favorecer o mercantilismo europeu, reconheceu como direitos individuais de propriedade da terra somente os que apresentassem como título de origem atos de concessão da própria Coroa.

Com esta atitude a Coroa afastava os aventureiros e qualquer indesejado que não lhe tivesse fidelidade a se tornar proprietários por aquisição originária, mesmo quando tivessem desbravado, conquistado, usado e nela morassem em definitivo e afastavam, também, os direitos dos povos indígenas e outros grupos que se fossem formando no processo de colonização como os quilombolas. A imaginada figura do concessionário se aproximava mais de um empreendedor capitalista, aventureiro também, mas sem romantismo. Isto não significou que o Rei de Portugal não tivesse reservado terras a grupos indígenas, enquanto não se integrassem, individualmente como trabalhadores, à chamada comunhão nacional. Tampouco não significou que não tivessem sido concedidas terras a aventureiros, ladrões e assassinos. Significou, na realidade, que os povos indígenas, embora ocupassem terras, não tinham direitos a ela, salvo expresso reconhecimento de um Reino distante e desconhecido. Igualmente significou que qualquer aventureiro, ou trabalhador, que tomasse para si um trecho de terra para livremente e em paz viver com sua família, estava fora do Direito e deveria pagar tributo, ou meação, ou vassalagem, a quem o tal Reino distante concedesse aquela terra. Não fosse o povo confundir trabalhador com proprietário; o sistema queria que a terra fosse propriedade e o proprietário precisava de trabalhadores, que poderiam ser livres, poderiam ser até proprietários de alguns bens, mas que não fossem proprietários de terra. A divisão estava claramente estabelecida.

A forma jurídica de que dispunha Portugal para conferir terras a particulares era ainda a velha, mas então vigente, lei de sesmarias que D. Fernando promulgara em 1375 e que havia sido reproduzida em cada nova "Ordenações do Reino" e servia para transferir terras que já haviam sido lavradas, mas que estavam abandonadas, para quem as quisesse lavrar. A Lei havia impulsionado a reforma agrária do mercantilismo português a partir do séc. XIV, mas já entrara em desuso como reordenamento social e somente se mantinha em vigor para resolver um ou outro problema de senhores aliados ao Rei[37], porque seu antigo e original uso confrontava-se com as novas necessidades econômicas da propriedade moderna, de caráter absoluto.

Apesar do declínio do instituto em Portugal e da realidade totalmente diferente, foi aplicado no Brasil durante três séculos, embora não houvesse terras de lavradio abandonadas. As terras aqui eram ocupadas por povos indígenas que tinham outras formas de aproveitamento e uso. Na sua maioria, mantinham plantações e roças em sistema rotativo, permitindo a regeneração permanente da floresta. A ocupação indígena não só era evidente, visível, como reconhecida entre eles, com fronteiras de respeito que, violadas, poderiam ocasionar guerras. Para poder utilizar o instituto das sesmarias, Portugal teve que, implicitamente, desconsiderar qualquer ocupação indígena, e entender as terras brasileiras como desocupadas.

As sesmarias em Portugal eram usadas para terras que já haviam sido lavradas e estavam abandonadas, quer dizer, eram terras que já tinham produzido e deveriam voltar a produzir alimentos locais. No Brasil não, o sentido da concessão das sesmarias era o de ocupação, desbravamento, conquista, desrespeitando qualquer tipo de uso indígena, ou ocupação pré-existente. Na verdade a concessão tinha o sentido de reafirmar a posse das

---

[37] RAU, Virgínia. **As sesmarias medievais portuguesas.** Lisboa: Presença, 1982.

terras em nome do rei e da coroa portuguesa, em disputa com a espanhola e outras nações europeias, e produzir bens de exportação. Quer dizer que enquanto em Portugal as sesmarias tiveram o sentido de proporcionar a produção de alimentos e desenvolvimento para a população, no Brasil foi instrumento de conquista, mas também de garantia aos capitais mercantilistas de que sua mão de obra, escrava ou livre, não viria a ser proprietária de terras vagas. Se as terras estivessem à disposição de quem as ocupasse e tornasse produtivas, os capitais mercantilistas ficariam sem trabalhadores livres, porque todos iriam buscar um pedaço de chão para viver.[38] Isto criava duas situações diferentes: por um lado havia uma total desconsideração pelas populações indígenas, fazendo-as invisíveis; por outro lado havia uma proibição aos trabalhadores de adquirir propriedade da terra pelo seu trabalho, já que não bastava trabalhar a terra vazia, era necessário comprá-la do patrão ou ganhá-la por favores prestados à Coroa.

Antes de criar o instituto das sesmarias, que era uma concessão de terras pelo poder público, Portugal reconheceu as presúrias, que eram ocupações de terras de infiéis (mouros) expulsos. Era um direito de conquista. Não havia neste sistema nenhum título prévio, mas a mera expulsão pela invasão, que se transformava em domínio. Mouros e índios são infiéis, são parecidos entre si para a

---

[38] Na África, especialmente em São Tomé e Príncipe, enquanto colônia portuguesa, era praticamente impossível conseguir que os nativos trabalhassem nas "Roças" produtoras de cacau e café. A possibilidade de tirar o sustento, farto, do mar e de um pequeno pedaço de terra (há abundância de peixes, bananas, fruta pão, cará e outros alimentos) os inibia de trabalhar como assalariado, ganhando muito menos do que possa adquirir com a pesca ou coleta. Toda a produção da colônia estava assentada na mão de obra estrangeira, contrata meio à força e mantida em semi cativeiro ainda no ano de 1970. A independência, em 1975, encontrou exatamente essa situação, quando foram estatizadas as "Roças", sem solucionar em todo o problema laboral.

cristandade, ambos foram afastados de suas terras, na península e na América, respectivamente. Sem entrar no mérito do direito dos índios e dos mouros às terras que habitavam, é visível a semelhança entre as duas situações e deve se buscar a razão pela qual Portugal optou pelo uso das sesmarias no Brasil. Não se pode dizer que no século XV ou XVI estivesse em desuso o direto de conquista, porque vamos encontrar em Voltaire, no século XVII, a afirmação de que a única forma de desconstituir a propriedade de alguém era, justamente, o direito de conquista. Significa que a Europa reconhecia esta forma de desconstituição e é até provável que Voltaire estivesse pensando na América ao fazer tal afirmação. Além disso, foi exatamente o direito de conquista que transferiu a terra americana para as Coroas portuguesa e espanhola. As presúrias utilizadas na península portuguesa geravam direitos individuais aos conquistadores que se subordinavam ao Reino, três ou quatro séculos antes de Portugal chegar ao Brasil. Aqui, o Estado estava muito mais organizado e os interesses mais afinados. Os conquistadores representavam a Coroa e em nome dela tomavam posse, sem haver qualquer confusão entre esta posse pública e o direito de propriedade garantido e concedido pela Coroa. Isto é, a consequência da conquista é diferente na formação de Portugal (presúria) e do Brasil (sesmarias). A explicação econômica da diferença já foi exposta acima, o mercantilismo não queria abrir a possibilidade de seus trabalhadores livres se tornassem proprietários, porque produziriam para subsistência e não para o mercado. Além disso ficaria difícil manter trabalhadores livres a baixos salários.

O temor de Portugal era, então, que ficasse liberada a ocupação de terras. Os desterrados, estrangeiros e aventureiros ocupariam o espaço e dariam outro destino a elas, competindo com o capital mercantilista europeu, produzindo alimentos, barateando a vida e encarecendo a mão de obra que haveria de preferir lavrar a própria terra do que receber salários de miséria. Na realidade a utilização das sesmarias foi a proteção do capital mercantil europeu contra o trabalhador livre. Curiosa contradição, na Europa, o instituto estava aliado ao trabalhador livre, no Brasil era seu algoz. Não é por acaso, assim, que o sistema somente pode prosperar economicamente com a força de trabalho escravo. Num primeiro momento o intento de escravizar os indígenas e imediatamente depois com a desumana história da rapina de braços escravos da África.

> "Os índios com seus costumes, organização social e integração com a natureza local tinham duas excelentes razões para não trabalhar para os portugueses. A primeira era o despropósito do trabalho, por que razão iriam trabalhar em plantações ou serviços totalmente desconhecidos, para receber uma minguada ração de comida, se em liberdade, caçando, pescando, coletando frutos ou mantendo pequenas roças tinham muito mais e melhor alimento, além de prazer, alegria e liberdade? A segunda razão era decorrente da primeira: os índios tinham para onde fugir, conheciam a mata e tinham parentes e, sobretudo, sabiam sobreviver na natureza tão hostil aos portugueses"[39].

O sistema sesmarial, que nasceu no mesmo berço do trabalho livre em Portugal, vem a ser o irmão mais próximo do escravismo brasileiro. Enquanto na Europa as concessões de sesmarias foram para aplacar a fome e dar terra aos lavradores, no Brasil

---

[39] SOUZA FILHO, Carlos Frederico Marés de. **O renascer dos povos indígenas para o Direito.** Curitiba: Juruá, 1998. p. 51.

não havia fome a ser aplacada porque a população local, indígena, apesar das dificuldades que pudessem ter, fome não tinham e qualquer estrangeiro livre que chegasse poderia encontrar um pedaço de terra para prover seu sustento, se a Coroa deixasse e o mercantilismo aceitasse, daí que era necessário ao sistema desconsiderar os índios e escravizar a mão de obra chegante.

O uso das sesmarias foi, portanto, a forma que Portugal encontrou para promover a conquista do território brasileiro. Seria insustentável manter indefinidamente exércitos armados, como nas regiões auríferas da América espanhola. Na falta de ouro ou prata utilizou a terra para remunerar os capitais mercantilistas, produzindo para a exportação bens desnecessários aqui, como o açúcar. As terras eram concedidas para que o beneficiário viesse ao Brasil ocupá-las, em nome da Coroa, produzindo em larga escala bens de exportação, ainda que fosse preciso perseguir, escravizar ou matar populações indígenas[40], e gerar escravidão africana e fome.

As Ordenações do Reino estabeleciam a pena de degredo para o Brasil dos autores de crimes ao máximo agravados, que poderiam ser por um período ou por toda a vida; estes condenados ao chegarem ao Brasil poderiam se tornar proprietários caso não necessitassem de uma outorga estatal, por isso, a insistência da Corte em não reconhecer outra propriedade que a outorgada. Talvez isso fosse verdade, mas é razão muito pouca para definir uma política de ocupação territorial, a verdade se assenta nos interesses do capital, antes do que na preocupação penal. Os ideais de liberdade do mercantilismo perdiam força ao atravessar o oceano, chegando

---

[40] GUIMARÃES, Alberto Passos. **Quatro séculos de latifúndio.** 6ª ed. Rio de Janeiro: Paz e Terra, 1989; e SILVA, Lígia Osório. **Terras devolutas e latifúndio:** efeitos da lei de terras de 1850. Campinas: Ed. da UNICAMP, 1996.

ao equador tornavam-se ralas lembranças de amarelados pergaminhos. Aqui a propriedade e a liberdade não formaram um casal, ao contrário se excluíam, como a água ao óleo.

Toda a teoria justificadora da propriedade privada, de Locke a Rousseau, passando pela esperança de Voltaire ("propriedade é liberdade"), tem como fundamento a liberdade, porque o mesmo homem que é livre para escolher seu trabalho o haverá de ser para dispor dos frutos do trabalho, dos bens amealhados. Esta legitimação da propriedade pelo trabalho, e pelo contrato, adquire contornos dramáticos nas Américas e no Brasil. Aqui a propriedade não é fruto do trabalho livre, é fruto do saque dos bens indígenas, ouro, prata, milho, batata, cacau ou terra e do trabalho escravo. A liberdade formal da propriedade individual perde o véu de pureza e humanidade nas Américas e mostra a cara desnuda e rude da usurpação. Proudhon, por muito menos, afirmou categórico: a propriedade é um roubo! De fato, Proudhon comparava a propriedade à escravidão e afirmava que se todos concordam que a escravidão é um assassinato, por que é tão difícil concordar que a propriedade é um roubo?[41]

As sesmarias na prática do Brasil colonial

Tal era a importância da sesmaria para a conquista das novas terras que ao vir para o Brasil, em 1530, Martim Afonso de Souza recebeu três cartas régias: a primeira para tomar posse das terras em nome D'El Rei; a segunda que lhe dava direito a exercer as funções de capitão-mor e governador das terras descobertas; e

---

[41] PROUDHON, Pierre-Joseph. ¿Qué es la propriedad?. Madrid: Ediciones Orbis S/A, 1984.

a terceira o nomeava Sesmeiro do Rei, que o autorizava entregar terras legitimamente em sesmaria a quem desejasse.

Os donatários das capitanias hereditárias também receberam, cada um, o poder de ser senhor em suas terras, com jurisdição civil e criminal e podiam conceder terras em sesmaria, para isso foram nomeados sesmeiros do Rei. Neste sistema tinham direito a conceder sesmarias a si e sua família.

Com o advento do Governo-geral, de Tomé de Souza, passou ao Governador este importante ato de poder. As sesmarias seriam concedidas pelo Governador-geral para quem residisse nas povoações e em tamanho não tão grande que não pudesse o beneficiário mesmo aproveitar, dizia a velha lei de D. Fernando. Não foi observada esta condição e as sesmarias foram concedidas em grandes extensões. Não foram tampouco respeitadas as terras indígenas, nem a capacidade imediata do concessionário. Os Sesmeiros entregavam terras para si mesmos e seus próximos, familiares ou amigos, até o ponto em que a palavra "sesmeiro" passou a designar também o titular de uma sesmaria e não mais a autoridade pública responsável por sua concessão[42].

Esta escolha de fechar as portas para ocupação territorial livre, exigindo a aplicação de um instituto de forma inadequada, prende-se aos objetivos de Portugal. Na realidade não era sua pretensão colonizar o país com um eventual excedente da população, mas de expandir o capital comercial europeu. Por isso, os primeiros cinquenta anos de conquista muito pouco significaram

---

[42] Alguns dicionários brasileiros, como o de Ruth Rocha, por exemplo, já atribuem para a palavra sesmeiro o único significado de donatário de sesmaria, e não o de funcionário com poder de distribuir sesmaria. Tanto o Dicionário Aurélio como o Houaiss, registram as duas acepções, o que evidentemente é mais correto. Dicionários portugueses, como o Universal, também registram o duplo sentido.

para Portugal, já que as terras descobertas não tinham ouro como os planaltos mexicanos e andinos e que serviram à imediata exploração espanhola. Portugal somente veio a utilizar sua colônia para produzir açúcar, já que a extração do pau-brasil não era suficiente para manter a economia e os investimentos necessários.

E para isso era necessário terra. Ao contrário do século XIV português, o Brasil tinha excesso de terra e falta de mão de obra, a concessão de sesmaria teria o sentido de limitar a ocupação das terras concentrando a produção, segundo o interesse e a possibilidade do capital mercantil, e obrigar os trabalhadores a manter-se em seus postos de trabalho, como escravos[43].

Portanto, no século XVI já se apresentam indícios de que a concessão de sesmarias poderia criar problemas na organização fundiária do país, mas de nada serviu a limitação imposta às concessões que deveriam ser do tamanho da capacidade do beneficiário em aproveitar a terra. Este limite acabou sendo muitas vezes desrespeitado, mesmo porque a produção que deveria se dar na colônia não era do tipo de subsistência, mas, ao contrário, do tipo mercantilista, de produtos para o mercado.

As concessões continuaram desobedecendo ao critério e nos séculos XVII e XVIII acabaram por constituir-se em fonte de criação de latifúndios. Se no início serviram como instrumento de conquista externa, sendo usada para Portugal se assenhorar do território, uma vez estabelecido o poder português transformou-se em instrumento de conquista interna, servindo de consolida-

---

[43] Além dos livros de Alberto Passos Guimarães e Lígia Osório Silva, já citados, vale a pena ler também os de FURTADO, Celso Monteiro. **Formação econômica do Brasil.** Brasília: Ed. Universidade de Brasília, 1963; PRADO JUNIOR, Caio. **História Econômica do Brasil.** 43 ed. São Paulo: Brasiliense, 1998; e SODRÉ, Nelson Werneck. **Formação histórica do Brasil.** 10 ed. Rio de Janeiro: Civilização Brasileira, 1979.

ção do poder do latifúndio, porque as concessões passaram a ser uma distribuição da elite para si mesma, como exercício do poder e sua manutenção.

Curiosa contradição: as sesmarias nasceram em Portugal para que o Poder Público dispusesse das terras não trabalhadas, mesmo que de propriedade alheia, para oferecer a quem realmente a quisesse trabalhar, na medida de seu trabalho; enquanto no Brasil a mesma concessão é negada a quem quisesse trabalhar e produzir por sua conta e entregue a quem tivesse o poder de explorar o trabalho alheio adquirido a força, compulsoriamente, seja como escravo ou trabalhador livre, que tinham que aceitar as condições independente de sua vontade: a liberdade é a opção entre várias alternativas. Liberdade de escolher uma única alternativa ou morrer ou ser preso como vagabundo, é opressão.

O belo ideal de 1375 de fazer da terra fonte de produção não foi implantado no Brasil, as sesmarias geraram terras de especulação do poder local, e originaram uma estrutura fundiária assentada no latifúndio, injusta e opressiva.

Em Portugal, nos séculos XVII e XVIII as sesmarias já estavam em desuso porque a propriedade privada já começava a ser respeitada como direito absoluto. No Brasil continuava a ter plena vigência porque se tratava de conceder terras consideradas vagas, isto é, não era uma ameaça ao caráter absoluto da propriedade.

Um pouco antes de independência, porém, em 17 de julho de 1822, Resolução do Príncipe Regente pôs fim ao regime de sesmaria, ficando, a partir daquela data, proibida a sua concessão no Brasil, mas reconhecidas como legítimas as que tivessem sido dadas de acordo com as leis e que tivessem sido medidas, lavradas, demarcadas e confirmadas.

O reconhecimento de legitimidade significava dar às sesmarias confirmadas a qualidade de propriedade privada, com todas as implicações jurídicas do sistema nascente. Portanto, o primeiro documento comprobatório de propriedade privada da terra no Brasil é o título de concessão de sesmaria. Aliás, por muito tempo, como se verá, a única fonte considerada legítima de aquisição de propriedade era um título sesmarial. Isto é, só poderiam ser considerados legítimos os contratos de transmissão de propriedade que tivessem como origem aquele título.

Com a independência e com a Constituição Imperial de 1824, ficou definitivamente sepultado o uso do instituto, mas suas consequências na ideologia da terra como concessão do poder político, da supremacia do título de propriedade sobre o trabalho, se mantiveram até nossos dias, fazendo com que a lei insista, até hoje, em considerar o documento da terra mais importante que seu produto ou sua função.

O instituto jurídico de sesmarias encontrou o seu fim, não por uma deliberação isolada do governante da época, mas por sua absoluta incompatibilidade com o novo sistema jurídico estruturado no final do século XVIII e começo do XIX.

O novo sistema nascia sob a égide das garantias dos direitos individuais e a não intervenção do Estado na economia e na propriedade. A função do Estado era apenas garantir os direitos individuais, entre eles o de propriedade, aliás, o mais elaborado juridicamente.

Portanto, a propriedade, plena, absoluta, foi garantida como o principal dos direitos, em cujo conteúdo estava o direito de usar ou não usar a coisa e dela dispor, destruindo-a ou vendendo-a. Para a nova concepção individualista e voluntarista do Direito, estava entre os poderes do proprietário o de não usar a terra, deixá-la improdutiva ou usá-la até o ponto de destruir tudo o que nela pudesse existir. Usar ou não usar a terra, fazê-la produzir ou deixá-la medrar para um futuro, dependida exclusivamente da vontade do proprietário, cuja única exceção era a possibilidade de desapropriação pelo Estado, para que viesse a ter um uso público.

Como estava vedado ao Estado intervir na propriedade improdutiva, porque era direito do proprietário deixá-la sem uso, o conceito de sesmaria, transferência compulsória e gratuita a terceiro que a quisesse fazer produzir, não cabia mais no Direito. O conceito era demasiado generoso para a limitada ideia capitalista.

A norma constitucional, de 1824, ao garantir o direito de propriedade privada, deixava claro que a sesmaria era instituto derrogado:

> Art. 179: A inviolabilidade dos direitos civis e políticos dos cidadãos brasileiros, que tem por base a liberdade, a segurança individual e a propriedade, é garantida pela Constituição do Império, pela maneira seguinte:
> *XXII - é garantido o direito de propriedade em toda sua plenitude. Se o bem jurídico legalmente verificado exigir o uso e emprego da Propriedade do Cidadão, será ele previamente indenizado do valor dela. A lei marcará os casos em que terá lugar esta única exceção, e se dará as regras para se determinar a indenização.*

Se de alguma maneira o poder público necessitasse da propriedade, ainda que abandonada, do cidadão, deveria indenizá-lo por isso. E note-se, a necessidade haveria de ser para uso ou emprego da propriedade para um fim público, no que, evidentemente não estava incluída a produção. Este dispositivo deixa claro, como se viu, que a propriedade pública tem finalidade, uso, emprego, destinação, enquanto a privada era direito independente, patrimônio disponível, intocável, ao arbítrio do cidadão em sua plenitude. Daqui para frente o título de sesmaria seria apenas prova de legitimidade da origem da propriedade.

As sesmarias eram uma intervenção do Estado no direito de propriedade, intervenção gratuita, sem indenização e com a motivação de retomar a produtividade perdida da terra. Esta ideia encontrava uma oposição radical do pensamento liberal capitalista que inspirou as constituições e Estados nascentes na entrada do século XIX. O instituto das sesmarias tinha chegado ao fim.

A partir da Constituição dos Estados e ainda persistente na mentalidade de muitos juristas do século XXI, nem o Estado nem a sociedade podem desconstituir a propriedade de alguém sem lhe dar outra propriedade, em substituição, recompondo integralmente o seu patrimônio individual. Essa nova propriedade dada em troca em geral é dinheiro e o instituto de transferência se chama desapropriação. Está tão interiorizada esta ideia entre os juristas, que muitos defendem que não se pode proteger uma floresta ou um bem cultural imóvel sem pagar ao proprietário a valorização da floresta que não plantou ou a possibilidade da explosão imobiliária futura de uma cidade ou bairro que não criou. Este radicalismo protecionista da propriedade privada imobiliário tem causado danos não apenas na possibilidade de proteção ambiental e cultural, mas também na solução de problemas sociais graves, como o acesso de trabalhadores sem terras ao trabalho e a garantia de vida a grupos e coletividades não integradas à sociedade de consumo, como índios, seringueiros, castanheiros, ribeirinhos, pescadores, quilombolas, etc.

As terras devolutas

Com o fim das sesmarias, em 1822, deixou de haver lei que regulamentasse a aquisição originária de terras, de tal forma que o sistema jurídico então vigente não previa a transferência de terras pública desocupadas para particulares. Esta situação perdurou até 1850, com a Lei Imperial de Terras, Lei 601, de 1850.

Este período os agraristas chamam "regime de posse", porque somente havia posse nas terras ainda não apropriadas individualmente pela confirmação das sesmarias. Mas o nome é impróprio. Não havia sequer posse, mas ocupação, considerada clandestina e ilegítima. As pessoas simplesmente ocupavam terras vazias e as transformavam em produtivas. A partir deste fato iam tentar um título junto ao Governo, que não o concedia alegando não haver lei que regulamentasse a concessão. Ao contrário, havia ações do Estado coibindo a ocupação, especialmente de pequenos posseiros.

Apesar disto, algumas autoridades chegaram a conceder títulos, às vezes com o nome de sesmaria, mas todos considerados nulos. Aliás essa era a intenção do Governo, porque coibia a ocupação que chamava de desordenada. Coibia não pelas consequências de uma eventual desordenação territorial, mas para que os novos trabalhadores livres que chegavam e que viriam a ocupar o lugar dos escravos, e os libertos não se vissem tentados a procurar essas terras "desocupadas" para trabalhar por conta própria e deixassem de ser empregados das fazendas, obedecendo a mesma lógica das concessões de sesmarias. Havia mudado o sistema jurídico, mas não a lógica da dominação.

Vários projetos de lei deste período proibiam os imigrantes de adquirirem, alugarem ou usarem terras, mesmo de particulares.

Nenhum deles foi aprovado porque se contradiziam com o sistema constitucional que se fundava na liberdade de aquisição e da livre disposição e vontade dos titulares de direitos. Por outro lado, havia estrangeiros com capital, investindo em plantações e terras. Os projetos não podiam avançar porque se chocavam com o principal direito capitalista: o de propriedade. Este direito era considerado natural, portanto, preexistente ao ordenamento e, como tal, não poderia ser limitado pela Lei. Todas estas disposições proibitivas de aquisição de terras feriam a essência do sistema e por isso nunca chegaram a ser aprovados, mas mantiveram uma discussão de grande envergadura, o que determinou a demora na aprovação da Lei de terras, exatamente porque ela teria que contemplar os interesses econômicos do capital sem restringir o direito de propriedade, que também fazia parte desse interesse[44].

Portanto, esse período que ficou impropriamente conhecido no Direito Agrário como "regime de posse" demorou o tempo que a elite precisou para encontrar os caminhos a serem traçados para ocupação territorial brasileira sob o Estado Nacional. Foram 28 anos de profunda discussão acerca do que fazer para evitar, de um lado a livre ocupação, e de outro respeitar os direitos à livre aquisição de propriedade.

Não foi esta a única dificuldade da elite dominante no país em relação aos princípios do liberalismo. O Estado liberal brasileiro convivia com o escravismo e com um forte descaso às populações indígenas. Assim, a ideia do trabalhador livre, na construção do Estado Nacional Brasileiro encontrava duas barreiras sérias: a força de trabalho escrava e as limitações no contrato de aquisição originária de terras. Se havia terras em fartura porque não permitir que cada

---

[44]SILVA, Lígia Osório. **Terras devolutas e latifúndio:** efeitos da lei de terras de 1850. Campinas: Ed. da UNICAMP, 1996.

um buscasse seu sustento e destino em uma terra que tornasse produtiva? Era evidente que sujeito a um salário de fome ou ao trabalho escravo o trabalhador preferiria explorar um pedaço de terra próprio. O Estado teria que agir, porque somente com repressão seria possível impedir a ocupação territorial chamada de desordenada e para reprimir, necessitava de uma lei que o determinasse e legitimasse, afinal o Estado constitucional é um Estado de Direito, somente age sob o império da lei, que, para completar a ironia, é feita pela mesma elite que o dirige. A lei somente viria a lume em 1850.

A situação das terras no Brasil antes do advento da Lei de Terras, de 1850, (Lei 601/1850) era a seguinte:

1) Sesmarias concedidas antes de 1822 e integralmente confirmadas. Reconhecidas como propriedade privada estavam garantidas pela Constituição, portanto protegidas contra posse alheia, usurpação e qualquer ato do Governo. Este era considerado o título originário mais importante, por isso as transmissões que o tivessem por fundamento, eram também consideradas legítima propriedade. Isto significa que as terras mais densamente ocupadas e produtivas já eram propriedade privada.

2) Sesmarias, embora concedidas antes de 1822, não confirmadas por falta de ocupação, demarcação ou produção. A confirmação era um ato do governo que tinha por finalidade apenas, como o nome mesmo o diz, confirmar a concessão. A Lei 601/1850 possibilitou a confirmação, pelo Poder Público destas sesmarias desde que estivessem efetivamente ocupadas com cultivo e morada habitual do sesmeiro ou concessionário[45]. Depois deste procedimento a terra passava a ser propriedade privada.

---

[45] Nesta lei já aparece a palavra sesmeiro como o concessionário de terras e não o funcionário que as repartia.

3) Glebas ocupadas por simples posse. Apesar das proibições, muitas pessoas ocupavam terras para viver e produzir. Ou eram suficientemente escondidas para que as autoridades não se dessem conta, ou tinham a benevolência e proteção de autoridade local. Estas posses não davam qualquer direito, mesmo que dispusessem de um documento autorizatório. A Lei Imperial reconheceu estas posses, em pequenas dimensões e que tivessem sido tornadas produtivas pelo ocupante que nelas mantivesse morada habitual. A produção exigida pela Lei era a voltada para o mercado, não a de simples subsistência ou baseada na coleta e na caça. Deu a este reconhecimento o nome de legitimação de posse. Para esta concessão a Lei determinou ao Governo estabelecer um prazo certo para que fosse requerida a medição, o prazo equivaleria a uma prescrição, porque, se perdido, perdido estava o direito. A posse legitimada, desde que registrada (tirado o título, como dizia a Lei) se tornava propriedade privada, como todas suas garantias.

4) Terras ocupadas para algum uso da Coroa ou governo local, como praças, estradas, escolas, prédios públicos, etc. que foram reconhecidas como de domínio público. Estas terras teriam que estar sendo usadas, confirmando a ideia de que a "propriedade" pública tem seu assento no uso, na destinação e enquanto está sendo usada e destinada. O exemplo mais claro disto é o álveo do rio que é público enquanto usado pelas águas que correm, que são públicas, mas no momento que secar o rio, por deixarem de ter uso público, se tornam privadas, incorporadas pela propriedade ribeirinha.

5) Terras sem ocupação. Todas aquelas que não se enquadrassem nas categorias anteriores eram consideradas sem ocupação, mesmo que alguém ali estivesse e dela tirasse seu sustento e

vida. Entre estas terras se encontravam as ocupadas por povos indígenas, por escravos fugidos, formando ou não quilombos, por libertos e homens livres que passaram a sobreviver da natureza, como populações ribeirinhas, pescadores, caboclos, caçadores, caiçaras, posseiros, bugres e outros ocupantes. Estas terras foram consideradas devolutas pela Lei Imperial e disponíveis para serem transferidas ao patrimônio privado. As terras indígenas, já anteriormente reconhecidas, tem na Lei 601/1850 sua reconfirmação com o nome de Reservas Indígenas[46].

A Constituição Brasileira de 1824 necessitava de regulamentação porque muitas leis anteriores não puderam ser recepcionadas, como o próprio instituto das sesmarias, como já se viu. O Brasil carecia de uma lei de terras que disciplinasse especialmente a aquisição originária, porque a chamada ocupação desordenada era cada vez maior e a libertação dos escravos promoveria uma corrida a essa ocupação.

A primeira providência legal foi conceituar juridicamente terras devolutas ou devolvidas pelo Coroa Portuguesa à Brasileira. Terras devolutas passou a ser não as desocupadas como ensina alguns manuais e dicionários, mas as legalmente não adquiridas. É um conceito jurídico e não físico ou social. Não quer dizer terra desocupada, mas terra sem direito de propriedade definido, é um conceito, uma abstração, uma invenção jurídica. A mera ocupação de fato não gerava domínio, jurídico, que exigia o título do Estado ou o reconhecimento, pelo Estado, de um título anterior, ou, ainda,

---

[46] A ideia da Lei não era de reconhecer direitos indígenas, mas atribuir ao Estado a obrigação de reservar, não concedendo ou vendendo, terras que estivessem ou pudessem ser ocupadas por povos indígenas. É evidente o caráter provisório das reservas, enquanto os índios não se integrassem como trabalhadores livres na sociedade nacional, para o que bastava que aprendessem um ofício civilizado.

o uso público. Ainda que a terra estivesse ocupada por trabalhadores, índios, quilombolas, pescadores, produtores de subsistência ou qualquer outro sem o beneplácito do Estado, não perdia sua qualidade jurídica de devoluta. Ao contrário do conceito de sesmarias, que eram concessões gratuitas de terras que já haviam sido ocupadas, mas abandonadas, para alguém que desejasse efetivamente ocupá-las, as terras devolutas eram aquelas que jamais tivessem sido propriedade de alguém ou tivesse tido uso público, reconhecidos, propriedade e uso, pelo Estado. Enquanto as sesmarias reforçam o caráter de fato, próximo à posse, as concessões de terras devolutas têm um caráter de direito abstrato, independentemente da existência de ocupação pré-existente, seja de índios, afrodescendentes ou brancos pobres. Exatamente aqui reside a pouco sutil maldade do sistema: o que recebe a concessão, não necessitava sequer conhecer a terra, nem mesmo demarcá-la; escolhia a terra correspondente quando quisesse e passava a ter o direito de retirar dela todos os que ali viviam, porque a situação dos não-beneficiários passava a ser ilegal. Para "limpar" poderia usar sua própria força ou a chamada força pública, isto é, a polícia do Estado, como até hoje ocorre.

A segunda providência foi estabelecer como poderia ser feita a concessão, para quem, com quê política, com quê alcance social. A opção da lei, nesta segunda providência está clara logo no artigo 1º: "Ficam proibidas as aquisições de terras devolutas por outro título que não seja o de compra". As duas providências, perfeitamente articuladas entre si, afastavam os pobres das terras, premiando o latifúndio e condenando o povo à miséria e fome.

Esta vontade política determinada de impedir que qualquer do povo se tornasse proprietário pela simples ocupação das terras seguia a doutrina mais conservadora da época, inspirada no economista Edward Wakefield, segundo a qual as terras desocupadas deveriam ter um "preço suficiente" para desestimular os trabalhadores livres a adquiri-las, caso contrário só continuariam como trabalhadores se os salários fossem muito altos, isto é, a liberação de terras significaria o encarecimento da produção. Sob este argumento, tão economicista quanto desumano, negava-se o Governo Brasileiro em reconhecer posses de subsistência, ao mesmo tento que impunha instrumentos para coibi-las. A política imperial fez exatamente o contrário do que havia e fazia os Estados Unidos e se faria na Austrália, que incentivavam a ocupação desordenada do território para que a sociedade florescesse em liberdade[47].

Durante a colônia a concessão de sesmaria era gratuita e abertamente nepotista, isto é, o funcionário com poderes de concessão podia favorecer a quem quisesse, já que não havia um direito à aquisição. Com a constitucionalização do Estado esse direito passava a existir, segundo os preceitos da lei. Por isso a lei teve que ser demoradamente elaborada e pensada e afinal saiu com a proibição de aquisição por outro meio que não fosse a compra. Não se pode esquecer que a compra é um contrato bilateral, e o vendedor vende o quê e quando quer. Isto quer dizer que foi retirado qualquer direito aos cidadãos de reivindicar, mesmo que por compra, terras devolutas.

Não é difícil entender o porquê desta decisão. As elites dominantes tinham dois problemas em relação às terras devolutas. Por um lado, já se fazia insuportável a manutenção da escravatura e a libertação estava a caminho. Isto significaria tornar trabalhadores livres uma leva enorme de escravos que iria preferir ser

---

[47] Sobre o destino das terras devolutas há um precioso trabalho de Miguel Pressburguer, **Terras devolutas: o que fazer com elas?**, de recomendável leitura.

camponês, proporcionando uma marcha para os campos desocupados e uma fuga de mão de obra disponível. Por outro lado, os imigrantes pobres da Europa e Ásia já começam a chegar e também iriam preferir buscar terras próprias para trabalhar.

Estas duas classes de trabalhadores livres eram pobres o suficiente para não poder adquirir terras se o Estado as vendesse. Tampouco estava na perspectiva destes trabalhadores a possibilidade de vir a adquiri-las porque se tornava quase impossível a acumulação de bens e dinheiro[48], mas ainda que o juntasse, dependia da vontade do Estado em vendê-las. A propriedade da terra, portanto, estava inacessível ao trabalhador pobre para que não ocorresse o que temia Wakefield, a falta de mão de obra nas empresas produtoras ou a elevação de seu preço, dificultando a competitividade dos produtos brasileiros nos mercados internacionais[49].

É claro que o preço não era a única dificuldade para a aquisição. A experiência anterior já demonstrara que o simples controle das concessões pelo Estado poderia impedir o acesso às terras. As sesmarias sempre foram concedidas gratuitamente para uso político e aumento do poder das elites. Portanto, não bastava determinar um preço para a aquisição, ainda que isto já fosse impeditivo, havia um controle ainda maior que era a vontade política da concessão. Apesar das barreiras do preço e da concessão política, era e continua sendo impossível evitar que as terras fossem

---

[48] A maior parte dos imigrantes eram trazidos em condições de semiescravidão, endividados, não conseguiam acumular senão a própria miséria. A não conseguirem poupança ficavam a mercê do patrão, aumentando a dívida e a subordinação, qualquer tentativa de saída para uma terra em que pudesse cultivar por conta própria esbarrava nos rigores da lei e os punha na ilegalidade e marginalidade.

[49] Esta discussão com aparência de final de século XX dominou todo o século XIX, merecendo de Marx, no Capital, uma dura crítica a Wakefield e sua teoria do preço suficiente das terras das colônias.

ocupadas por quem, fora do mercado, produzissem para a subsistência, afinal, a terra alimenta quem nela trabalha independentemente do título de propriedade. A terra não pede títulos e documentos para entregar seus frutos, basta plantar ou coletar.

A ocupação havida sem concessão estava, como ainda está, à margem da lei, portanto na ilegalidade e o Estado existe para reprimir as condutas ilegais. E o Estado sempre teve força suficiente para fazê-lo, e, de qualquer forma, sempre teve o apoio, considerado legal, das milícias particulares, da jagunçada a mando de algum coronel, matando e expulsando ocupantes e posseiros de terras públicas e particulares, como fato marcante na história da ocupação territorial brasileira, de norte a sul. A lembrança de Antônio Conselheiro e do Monge José Maria e suas guerras santas nos remetem, diretamente, a este processo de proteção e reserva de terras para as elites e a sentença de morte dos camponeses livres.

Todas as terras que não estavam sob o domínio privado ou não estavam afetadas a um fim público, que eram senhorio do rei de Portugal e que foram, com a independência, devolvidas ao Estado brasileiro criado em 1824, passaram a ser chamadas de **terras devolutas.** Terras devolutas, portanto, estavam definidas, e estão até hoje, por sua negação, quer dizer, devolutas são as terras que não são aplicadas a algum uso público, nacional, provincial ou municipal, não se achem no domínio particular, nem tivessem sido havidas por sesmarias e outras concessões do Governo-geral ou Provincial, não incursas em comisso[50] por falta de cum-

---

[50] Incursas em comisso são as concessões que não cumpriram as condições contratuais ou legais impostas para o reconhecimento das sesmarias. As condições neste caso eram a ocupação, a produção, a demarcação e a confirmação.

primento das condições de medição, confirmação e cultura, não tivessem sido concedidas em sesmaria ou outros atos do Governo-geral que, apesar de incursas em comisso, foram revalidadas pela Lei 601, não se achem ocupadas por posses que, apesar de não se fundarem em título legal, foram legitimadas pela lei.

As terras devolutas, assim, eram de domínio público, diferente daquelas de uso, porque poderiam, e até deveriam, ser vendidas. A Lei não enterrou a ideia de concessão, isto é, de um poder discricionário do Estado, apenas estabeleceu um preço para esta concessão, com exceção para a faixa de fronteira, cuja intenção do Império era fixar população para demarcar os limites nacionais e em alguns casos ampliá-los. Em todo caso, mesmo na faixa de fronteira, não estava autorizada a ocupação, a Lei mantinha a concessão. A diferença é que na faixa de fronteira o Governo poderia conceder a pobres, e fora dela, não. Deve ficar claro que o instrumento jurídico da concessão e a discricionariedade do Poder Público no século XIX e quase todo século XX esteve subordinado diretamente aos interesses dos poderes oligárquicos. Na realidade ainda hoje estão, mas tanto as concessões quanto a discricionariedade podem ter algum controle externo, naquela época nem isso.

Além da concessão onerosa de terras devolutas, a lei criou o instituto da **legitimação de posse**, pelo qual aquele que tivesse tornado determinada terra devoluta produtiva com seu próprio trabalho e de sua família, e nela morasse de maneira permanente, passava a ter o direito de que o Estado lhe reconhecesse o domínio. Este instituto, como se vê, tem semelhança com a usucapião, mas com ela não se confunde, porque é relativo a terras devolutas e depende do reconhecimento do Poder Público, que poderá negá-lo se outra destinação tiver para o imóvel. Além disso, como já foi dito, não se trata de qualquer ocupação, mas daquela em que houve investimento produtivo e não de simples subsistência.

A Lei trazia, ainda, um dispositivo de proteção de florestas, que às vezes é saudado por juristas contemporâneos como um prenúncio de leis ambientais, mas se tratava na realidade de prevenir contra ocupações desordenadas, porque determinava o despejo de posseiros que tivessem efetuado derrubada rasa ou posto fogo na gleba. Além de ser despejado e ter que indenizar os danos causados, a lei previa como pena a perda das benfeitorias, prisão e multa. Este dispositivo não pode ser considerado protetor do meio ambiente, mas inserido dentro da lógica do preço suficiente, porque ele é contraditório ou pelo menos restritivo ao instituto da legitimação de posse, porque para tornar uma terra produtiva, no sentido capitalista, o ocupante teria que fazer corte raso em florestas públicas.

A usucapião, também chamada prescrição aquisitiva no Código Napoleão, é um direito daquele que tendo tido uma coisa como dono por um tempo legalmente estipulado, lhe adquire a legítima propriedade. O Código Napoleão, a matriz legal do direito civil ocidental, anterior à Lei Imperial de Terras, admitia a possibilidade da aquisição pela prescrição de bens públicos[51]. Assim, seria razoável que a Lei de Terras trouxesse dispositivo semelhante, consolidado na matriz legal e doutrinária francesa. É claro que per-

---

[51] O Código Napoleão em tradução de Souza Diniz, citado, estabelece no artigo 2227: "O Estado, os estabelecimentos públicos e a comuna ficam submetidos às mesmas prescrições que os particulares, e podem igualmente opô-las". Além disso, o artigo 541, expressamente diz pertencerem ao Estado determinados bens, "se a propriedade não foi prescrita contra ele". Deve-se ressaltar que o Código trata a prescrição como uma forma de aquisição da propriedade, móvel ou imóvel.

mitir a usucapião em terras públicas seria admiti-lo em devolutas, que abriria uma larga avenida para a ocupação chamada desordenada. Por isso é tão insistente a Lei em criar impedimentos para que ocorra, criando um sucedâneo menos eficaz, como a chamada legitimação de posse. Este instituto, de aparência tão generosa quanto a usucapião, na realidade é um impeditivo ao seu exercício.

A usucapião, que poderia ter sido instituída na Lei de Terras porque era pertinente à matéria, somente foi introduzida no Brasil pelo Código Civil de 1916 e, expressamente, se refere à "usucapião sobre terras particulares", como que reafirmando a impossibilidade de aquisição, por este modo, de terras devolutas. Tal é a preocupação em restringir a ocupação de terras devolutas, que a Lei 601/1950 determina aos juízes de direito a investigação e correção das autoridades a quem competia o cuidado com estes terrenos[52].

O sistema de transferência de direitos originários de terras devolutas pela concessão e pela legitimação de posse contaminou o Direito brasileiro a ponto de a doutrina e a jurisprudência jamais aceitarem a usucapião sobre bens públicos e, ainda menos, sobre terras públicas, sobre o argumento teórico de que estes bens são indisponíveis. O argumento não se sustenta quando analisado sobre a ótica do uso dos bens públicos, já que para haver usucapião haveria de haver uso privado do bem, como se dono fosse. Se há uso privado, público uso não há, e estas terras ainda que públicas estão

---

[52] Pode resultar interessante a leitura do artigo 2º: "Os que se apossarem de terras devolutas ou de alheias e nelas derrubarem matos ou lhe puserem fogo, serão obrigados a despejo. com perda das benfeitorias, e demais sofrerão a pena de dois a seis meses de prisão e multa de 100$, além da satisfação do dano causado. Parágrafo único: Os juízes de Direito nas correições que se fizerem na forma das leis e regulamentos, investigarão se as autoridades a quem compete o conhecimento destes delitos põem todo o cuidado em processá-los e puni-los, e farão efetiva a sua responsabilidade, impondo no caso de simples negligência a multa de 50$ a 200$.

disponíveis ao Estado para vendê-las, não se sustenta a ideia de que não possa haver usucapião salvo, é claro, pela teoria de Wakefield e em evidente restrição à aquisição por camponeses pobres.

Por outro lado, é muito mais fácil aos poderosos e afilhados da elite adquirir terras devolutas pelo sistema de concessões, ainda que onerosas, do que se dependessem de transformar as terras produtivas e manter nelas posse longa, como era originalmente o sistema sesmarial em sua versão e aplicação original, em Portugal do século XIV.

A Lei Imperial de Terras, além das terras devolutas, trata também da importação de trabalhadores livres. Como não se poderia, em consonância com os princípios da cultura constitucional, proibir a compra de terras particulares, a lei estabelecia que os estrangeiros que as comprassem e nelas estabelecessem sua indústria poderiam ser naturalizados em dois anos (art. 17). Além disso, autoriza o Governo a mandar vir, a custas do Tesouro Nacional, certo número de colonos livres para serem empregados por tempo determinado, ou para serem assentados em colônias. Coerentemente, estabelece que o dinheiro arrecadado com a venda de terras devolutas seria empregado em novas medições e na importação de trabalhadores livres.

Proclamada a República, novamente as esperanças populares se frustraram. A Constituição de 1891 organizou o Estado Federal, transformando as Províncias em Estados com certa autonomia e competências, entre elas a de regulamentar a concessão de terras devolutas, que passaram ao domínio estadual[53]. Todas as Consti-

---

[53] O Estado do Paraná em 1892 faz editar sua lei de terras, Lei nº 68, de 20 de dezembro de 1892 e nele consta o mesmo sistema da lei federal, agravando a proibição de ocupação de terras devolutas, dispondo que ficava sujeito a despejo quem fizesse queimada, derrubada, construção ou plantação nelas. A lei paranaense revela com mais clareza ainda a reserva de terras a elite dominante.

tuição Federais que lhe seguiram mantiveram esta natureza estadual das terras devolutas, impondo exceções, reservando algumas terras à União Federal, especialmente as de faixa de fronteira[54].

As oligarquias fundiárias, proprietárias de grandes extensões de terras, foram sendo formadas nos séculos anteriores e adquirindo terras em sesmarias ou comprando terras devolutas, no regime da Lei 601/1850. Estes poderes se concentravam nas Provinciais que vieram a se transformar em Estados Membros. Assim, no momento em que a Constituição de 1891 transferiu as terras devolutas para os Estados entregou o poder de distribuição exatamente para as elites fundiárias, que tinham interesse na manutenção do *status quo*. Quer dizer, quando a concessão de terras devolutas passou para os Estados, criados em 1891, as oligarquias locais assumiram o incontrolado direito de distribuição de terras devolutas, inclusive podendo alterar as regras contidas na Lei 601/1850, porque passaram a ter competência legislativa, reproduzindo, aprofundando e ampliando o injusto sistema do latifúndio, com as consequências que até hoje assistimos de violência no campo e miséria na cidade.

Grande parte dos conflitos surgidos logo depois da Proclamação da República tem origem na manutenção e aprofundamento deste sistema fundiário. Os mais conhecidos, Canudos, liderado por Antônio Conselheiro, e Contestado, do monge José Maria, acompanhados da chamada sedição de Juazeiro, com Cícero Romão Batista, do reduto do Crato, do beato José Lourenço e da figura mítica de

---

[54] A Constituição de 1891 estabelecia no seu artigo 64: Pertencem aos Estados as minas e as terras devolutas situadas em seus respectivos territórios, cabendo à União somente a porção de território que for indispensável para a defesa das fronteiras, fortificações, construções militares e estradas de ferro.

Lampião, são mostras desse descontentamento com a ordem fundiária, mas mais ainda do que descontentamento, desconformidade do sistema com as realidades locais. Em praticamente todos eles há mestiços, negros, índios, filhos de imigrantes duramente empobrecidos que ocuparam terras, juntaram-se para viver em paz, não raras vezes buscando no isolamento a segurança e a proximidade com seu Deus e suas crenças. Estes movimentos sem contatos entre si, sem notícias e tão distantes um do outro guardam em comum o fato de todos terem como fundamento a ocupação da terra e seu uso para prover todas as necessidades da população.

Além disso, têm também um fim comum, todos terminaram em massacre, o exército republicano agiu contra eles com uma violência inusitada e desmedida. A punição foi na prática a mesma que deveria ser aplicada nos crimes mais graves das Ordenações do Reino: a morte e perda de todos os bens. A terra, pela qual morreu a população foi, como devoluta, distribuída, curiosa ironia, a empresas estrangeiras, em especial no Paraná/Santa Catarina, no que se convencionou chamar a Guerra do Contestado[55].

O caráter agrário desta guerra era tão claro que o movimento, ao tomar uma cidade, queimava todos os documentos dos Registros de Imóveis, porque aqueles documentos de propriedade sempre lhes eram brandidos como a grande prova de que eram intrusos na terra em que viviam e trabalhavam. Queimando os papéis, imaginavam queimar o sistema que, como fênix, sempre renascia das cinzas, cada vez mais feroz e mais brutal.

---

[55] CARNEIRO, Glauco. **História das revoluções brasileiras.** 2ª ed. Rio de Janeiro: Record, 1989; e QUEIROZ, Maurício Vinhas. **Messianismo e Conflito Social, A guerra sertaneja do Contestado:** 1912-1916. São Paulo: Ática, 1981. A Guerra do Contestado tem inspirado muitos romances como SOUZA, Fredericindo Marés de. **Eles não acreditavam na morte.** Curitiba: IHGEP, 1978.

O século XX, assim, se abre para o Brasil com uma perspectiva de crise, de não solução, no campo jurídico e político do problema fundiário. A terra tinha se transformado em propriedade e a República, que era esperada por alguns como a possibilidade da redenção, acabou por aprofundar os problemas locais. Estados como o Paraná tem a história escrita com sangue camponês e índio apesar de suas cidades ostentarem os nomes dos proprietários de terra e dos soldados que puseram suas armas para derramá-lo. A tragédia, para o Direito, é que a violência estava estabelecida na Lei de Terras contra os posseiros que buscassem na terra dignidade para suas vidas. Mais do que isso, os grandes movimentos, como Contestado e Canudos, foram chamados de monarquistas e as tropas foram mobilizadas sob o falso argumento de que os rebelados lutavam para restabelecer o Império no Brasil, quando queriam apenas viver na terra, onde vive todo ser humano, e lutavam para que os deixasse estar.

O Brasil deixava o Império do latifúndio e ingressava no século e na República do latifúndio. Foram modernizados os meios de produção e as relações de trabalho, mas a terra, no longo processo de transformação, havia deixado de ser a inseparável companheira do homem para ser domínio do indivíduo, capital, título, papel, bem jurídico, propriedade, enfim.

Os povos indígenas e a propriedade

A população do território hoje conhecido como Brasil em 1500 era, calcula-se, de mais de cinco milhões de pessoas distribuídas por centenas de povos, com línguas, religiões, organizações sociais e jurídicas diferentes.[56] A forma de ocupação e o exercício do poder e soberania sobre o território eram também diferentes, coerentes com a cosmovisão e necessidade de cada povo. Existem poucos estudos sobre estas instituições jurídicas, na sua imensa maioria são descrições etnográficas que ainda que analisem a realidade social vivida, deixam de fora a juridicidade, em grande parte explicável pela pouca importância que as normas jurídicas tinham, e têm, frente a sociedades tão rigidamente organizada[57].

Os estudos mais fidedignos indicam que havia, e ainda há, grandes variações na forma destes povos se organizarem, mas a propriedade privada e o poder político eram conhecidos no limite do indispensável, isto é, apropriação individual restrita aos bens de

---

[56] O Brasil atual conta com uma população de aproximadamente um milhão de indígenas (quase 900 mil no censo de 2010), distribuídos em mais de 250 povos diferenciados pela cultura, língua religião e organização social que vivem em aproximadamente 500 áreas reconhecidas e outras tantas sem reconhecimento oficial, falando mais de 150 línguas (https://pib.socioambiental.org/pt/P%C3%A1gina_principal). A estimativa de 5 milhões de pessoas em 1500 é uma aproximação de estudos demográficos parciais e modestos, em especial os apresentados por: CLASTRES, Pierre. **A sociedade contra o estado: pesquisa de antropologia política.** Rio de Janeiro: Francisco Alves, 1978. p.153.

[57] A bibliografia etnográfica brasileira é muito extensa, mas são poucos os livros que tratam de todos os povos ou de uma região específica. Pode-se encontrar muitos bons subsídios em livros como CUNHA, Manuela Carneiro da.org. **História dos índios no Brasil**. São Paulo: Companhia das Letras, Secretaria Municipal da Cultural, 1992; MELATTI, Julio Cezar. **Índios do Brasil**. São Paulo: Hucitec, 1980, entre outros. O Instituto socioambiental mantém o mais completo site sobre o tema: https://www.socioambiental.org/pt-br e https://pib.socioambiental.org/pt/P%C3%A1gina_principal.

uso pessoal, eventualmente ao produto do trabalho individual, e o poder político pelo tempo e tema necessário, como a guerra, o dissídio interno, a enfermidade ou a tomada de decisão coletiva[58].

A terra sempre foi um bem coletivo, generosamente oferecido pelos antepassados que descobriram seus segredos e legado necessário aos herdeiros que o perpetuariam. A repartição haveria de ser dos frutos da terra, de tal forma que não faltasse ao necessitado nem sobejasse ao indivíduo. Às vezes se haveria de domesticar uma planta ou um animal, às vezes bastava cuidar da natureza que ela retribuía numa lógica inconsciente, mas quase perfeita. Não havia necessidade de Estado nem de teorias sobre a propriedade privada, nem instrumentos que justificassem seu exercício, nem que os garantisse. Ao não haver um era escusada a existência do outro.

Assim, a terra indígena se traduzia em território ou controle de um povo sobre um espaço determinado. A disputa entre portugueses e índios não se deu, nem poderia ter se dado, em questões formais de direito de propriedade, mas em jurisdição sobre um espaço territorial. A questão era muito mais de Poder, do que de Direito. O Brasil era, portanto, um espaço ocupado. Cada povo entendia seu território segundo sua cosmovisão e cultura e, embora houvesse enfrentamentos e disputas, as populações viviam em razoável harmonia e paz.

Acompanhar a História de cada um destes povos após o contato é escrever uma saga épica que nos leva a reflexões muito profundas sobre a própria humanidade e sua trajetória na terra.

---

[58] O contato com a "civilização" alterou e continua alterando a organização interna desses povos, introduzindo regras novas e muitos casos gerando a reestruturação da sociedade. Algumas sociedades clânicas perderam a importância interna desta divisão e muitas vezes a reestruturação é profunda e problemática, gerando divisões, desarticulações e, evidentemente, perdas imensas.

Cada povo neste pedaço de mundo que veio a se chamar Brasil tem uma história peculiar que começa muito antes da chegada dos europeus e é fortemente alterada por ela. É preciso conhecer, entender e respeitar a história, os mitos e a concepção de mundo de cada povo para concluir hoje sobre os seus direitos. Assim é, por exemplo, que antes de condenar o povo Guarani por viver em Parques e outras áreas de preservação ambiental, é necessário estudar sua história recente e então se verá que estas são as áreas que restam de seu vasto território tradicional, aquele criado por seus deuses para que vivessem como povo[59]. Os Guarani afirmam que só podem viver onde estão as plantas e os animais que sobraram das intervenções antrópicas civilizadas, por isso não estão invadindo os parques e outras unidades de conservação, mas foram expulsos para dentro deles, confinados e condenados a viver somente neles, como as plantas e animais autóctones. Este povo foi se tornando prisioneiro de seu próprio habitat cada vez mais transformado, desfigurado, inservível. O território, para o povo Guarani, significa não uma fronteira arbitrária, mas uma composição de biodiversidade, na qual o povo se integra. Assim, na concepção deste povo, os europeus não invadiram o seu território, não é uma questão de respeito de fronteiras, todos podem usar a terra, homens animais e plantas, os europeus não foram invasores, mas destruidores, o seu pecado não foi de invasor de domínios alheios, mas de destruidor, os Guarani não entendem que a vítima tenha sido eles, mas a terra.

---

[59] A concepção guarani sobre território e natureza está magistralmente descrito no trabalho de LADEIRA, Maria Inês. **Espaço geográfico guarani-mby:** significado, constituição e uso. São Paulo, 2001. Tese (Doutorado em Geografia Humana) - Universidade de São Paulo.

Cada povo, entretanto, tinha e tem sua história e sua visão de mundo e de território. Isto fica demonstrado com uma singela mirada à saga de outro povo, o Xavante. Embora conhecendo os "brancos" há mais de dois séculos, este povo somente aceitou um contato regular com a "civilização" a partir de década de 1950. Originários do litoral brasileiro e grandes guerreiros, ficaram encurralados entre os portugueses e outros povos indígenas do interior. Tiveram que escolher o inimigo a enfrentar, se guardassem posição territorial, teriam que lutar contra os portugueses, se recuassem ao interior teriam que disputar território com outros povos. Não havia espaços territoriais desocupados. Preferiram recuar, tomando terras alheias, empurrados pelos negreiros, preadores de índios, assassinos, fugitivos e aquilo que nós mesmos chamamos de civilização.

Nessa vida fugitiva e guerreira levaram duzentos anos, sempre em direção ao interior, sempre disputando espaços como outros povos também pressionados. A luta já não era mais com portugueses, mas com o Estado Nacional brasileiro, o que era apenas uma diferença para a civilização, mas não para eles, a guerra era a mesma.

Nos anos sessenta do século XX, já sem nenhuma outra saída, os bravos Xavantes resolveram "amansar" os brancos, e o fizeram, pagando um elevado preço que incluía permitir a entrada de novos elementos culturais, inclusive a construção de Igrejas ao lado da aldeia tradicional[60]. Nesse longo processo foram deixando seu território próprio, aprendendo a viver com outras plantas e animais, foram perdendo parte do povo que ia ficando, cansado da luta, em acordos sempre destrutivos com os novos

---

[60] A maior parte das novas aldeias Xavante têm nomes cristãos, como São Marcos, Nossa Senhora Aparecida, etc.

senhores da terra. Um grupo passou a se chamar Xacriabá. Mais tarde outro grupo desistiu, às margens do Araguaia e passou foi chamado de Xerente. Sofrendo todas as consequências da política integracionista do Estado Nacional, esta parcela se desenvolveu com diferenciações linguísticas e hábitos diferentes a ponto de reconhecer nos Xavantes apenas um parentesco distante.

Estas duas breves, mas elucidativas histórias nos mostram em primeiro lugar que o Brasil, e se pode dizer a América, era um território ocupado, onde povos muitos diferentes viviam, tirando da terra e da natureza seu sustento. Era uma terra adaptada ao ser humano. Em segundo lugar, que o processo de ocupação europeu, como a imposição de novas gentes, novas plantas e novos animais não foi absoluto, nem aceito por todos. Até hoje há sequelas que não estão limitadas aos povos originários, mas atinge também os povos trazidos, sejam da África, acorrentados e presos, seja da Europa e Ásia, enganados e traídos.

Mas há ainda uma lição que estas duas histórias nos dão: a propriedade privada da terra não traz a felicidade dos povos, ao contrário, por se assentar num individualismo excludente, gera conflitos que se estendem desde o vizinho até um pacífico povo distante.

Talvez por isto, Bartolomé de Las Casas, o pensador das relações Europa/América do século XVI, não aprofundou o conceito de propriedade. O direito que ele reclamava para os povos da América era o de exercer sua própria jurisdição. Isto não significava para ele que os povos indígenas devessem ser para todo o sempre "infiéis", mas que a missão dos reis católicos era anunciar e convencê-los da boa nova do nascimento do redentor. O convencimento, por certo haveria de ser por meios suasórios ou, quem sabe, por declaração de guerra justa.

O raciocínio de Las Casas era adequado ao pensamento cristão do seu tempo e tem a mesma lógica de Hobbes e Locke. Fundado sempre no contrato social, dizia ele que Deus criara o mundo com tudo o que nele existia, plantas, pedras e animais, para o serviço do homem e, dentro das sociedades humanas, alguns eram escolhidos para organizar e dirigir os outros, portanto não importava que fossem europeus, asiáticos, africanos ou americanos, fiéis ou infiéis à palavra cristã, cada grupo humano tinha a livre determinação de sua organização social, justa e com aprovação divina[61]. Todos os povos, assim livres, haveriam de se tornar cristãos tão logo soubessem de sua verdade. Bartolomé de Las Casas e seus opositores, como Ginés de Sepúlveda, divergiam apenas nos métodos, tendo claro que a cristandade iria prevalecer pela razão, pela fé, ou pela força.

Este pensamento, reconhecido pela Igreja, mas não praticado pelo poder temporal nem espanhol nem português, que estavam mais interessados na mão de obra e nas terras indígenas, teve seu desenvolvimento teórico em Francisco de Vitória que é considerado, por isso mesmo, o criador do direito internacional[62].

Na realidade, a contradição que se estabeleceu em 1500 na América foi entre os interesses mercantilistas de apropriação e acumulação de bens que existiam nas novas terras: ouro, prata, pau-brasil e, pouco mais tarde, a possibilidade de produção em

---

[61] Ver a propósito as obras de CASAS, Frei Bartolomé de Las. **Brevíssima relação da destruição das índias.** O paraíso perdido. 4ª Ed. Porto Alegre: L&PM, 1985; **Obra indigenista.** Madrid: Alianza Editorial., 1985. p.475; e **Princípios para defender a justiça dos índios** In: SOUZA FILHO, C. F. Marés de (org.). **Textos Clássicos sobre o Direito e os Povos Indígenas.**

[62] VITORIA, Francisco de. **Relecciones:** del estado, de los indios y del derecho a la guerra. México: Editorial Porrúa, 1985.

grande escala de cana de açúcar e outros bens agrícolas, de um lado e, de outro, os interesses indígenas que estavam voltados a manter seu modo de produção, cultura e vida. Com o avanço do mercantilismo e a construção dos Estados contemporâneos, a propriedade da terra tornou-se absoluta, e a contradição se aprofundou de tal modo que os índios e suas sociedades foram esquecidos da Lei e suas terras deixaram de ser seus domínios para transformar-se em propriedade privada. Cada índio passou a ter o duvidoso direito de se tornar cidadão da nova sociedade. O caráter duvidoso desse direito se manifesta em dois aspectos, primeiro porque teria que deixar de ser índio, no sentido de ser membro de uma sociedade diferenciada e segundo, porque para se tornar cidadão deveria ter alguns atributos, quando menos conhecer a língua colonial, necessariamente diferente da sua. Estes dois atributos tornavam cada indígena apto a ser trabalhador livre, capaz de disputar um emprego assalariado, sem a proteção de sua comunidade. Se trabalhassem muito e ainda pudessem poupar, poderiam até adquirir propriedade da terra e com ela, talvez, amarga ironia, fazer o que antes faziam como índios.

No final do século XX, quando a propriedade privada começou a ser restringida ou limitada por direitos coletivos, como a proteção do meio ambiente ecologicamente equilibrado e o patrimônio cultural, como veremos, os povos indígenas tiveram um alento jurídico, ainda que débil e impreciso, como um renascimento de direitos coletivos para o direito[63].

Isto significa que a construção da propriedade privada no Brasil, ou a modernidade, desprezou a ocupação indígena, não

---

[63] SOUZA FILHO, Carlos Frederico Marés de. **O renascer dos povos indígenas para o Direito.** Curitiba: Juruá, 1998.

respeitando sequer seus mais elementares direitos, como os de sobrevivência. Se relêssemos Locke poderíamos dizer que, teoricamente, Portugal deveria garantir os direitos dos povos indígenas sobre suas terras, se relêssemos Las Casas, também. Mas a prática de Portugal andou muito longe das teorias europeias daqueles séculos, a distância entre teoria e prática significou a morte de povos inteiros. Não se pode esquecer, por outro lado, que na época era difundida a ideia do direito de conquista como direito autônomo de povos em guerra. Fundado, muitas vezes, neste direito, Portugal e Espanha usaram e distribuíram terras indígenas, até transformá-las em propriedade privadas individuais, de não indígenas, por certo.

Portugal não construiu grandes teorias jurídicas, como Locke e Hobbes, nem deixou para a História tratados de relações entre povos, como Las Casas e Vitória, mas construiu a mentalidade moderna na prática, com o sistema das concessões de sesmarias e uma política uniforme e rígida, o que permitiu a integridade territorial do Brasil apesar das profundas diferenças regionais e da pluralidade social que existia.

A aplicação da ideia de que toda a terra haveria de ser privada, excepcionada as de uso público, na prática, foi fatal para os índios que não a ocupavam de forma privada nem foi admitido que seu uso era público. No desvio da teoria, os índios ficaram sem terra e sem modernidade.

Outros povos tradicionais e a propriedade

Assim como os indígenas outros povos tradicionais, isto é, que vivem coletivamente à margem da modernidade e que extraem sua vida e sustento diretamente da terra, como os coletivos afrodescendentes, chamados no Brasil pela Constituição de 1988 de quilombolas, e outras muitas comunidades de gente[64] tiveram desconsideradas suas terras no momento em que a ficção da propriedade passou a ser mais importante do que a posse ou uso para a definição e garantia de direitos, em toda a América Latina.

Estas comunidades foram sistematicamente negadas pelos governos coloniais e depois pelos Estados Nacionais constituídos. Verdadeiros povos, com hierarquias internas, cultura, conhecimentos e saberes identificados com a natureza local, capazes de prover a vida, foram sendo criadas na contradição do colonialismo e, depois das independências, na contradição da colonialidade, já que os Estados Nacionais latino-americanos em sua quase unanimidade mantiveram as estruturas coloniais. O direito moderno e as elites nacionais os relacionavam não como coletivos, mas como indivíduos deslocados, marginais, desempregados, vadios, reserva de mão de obra, eventualmente fora da lei, ou simplesmente não os viam. Eram, e em grande medida continuam sendo no século XXI, povos invisíveis apesar da Convenção 169 da Organização Internacional do Trabalho, de 1989, os chamar de tribais e reconhecer direitos de vida coletiva e de território. Estes povos estão definidos no sistema jurídico brasileiro como:

---

[64] SOUZA FILHO, Carlos Frederico Marés. (2019). Os povos tribais da convenção 169 da OIT. In: **Revista Da Faculdade De Direito Da UFG**. 42(3), 155-179. https://doi.org/10.5216/rfd.v42i3.55075.Disponível em: https://www.revistas.ufg.br/revfd/article/view/55075

grupos culturalmente diferenciados e que se reconhecem como tais, que possuem formas próprias de organização social, que ocupam e usam territórios e recursos naturais como condição para sua reprodução cultural, social, religiosa, ancestral e econômica, utilizando conhecimentos, inovações e práticas gerados e transmitidos pela tradição[65]

Há um reconhecimento formal da existência destes povos não só no decreto citado, mas em várias leis nacionais e normas internacionais adotadas e em vigor como a citada Convenção 169 da OIT, a Convenção da Biodiversidade, o Tratado Internacional sobre Recursos Fitogenéticos para a Alimentação e Agricultura, etc, mas, na prática, este reconhecimento tem sido muito difícil porque implica uma territorialidade que contradiz com a hegemonia da construção teórico-jurídica da propriedade da terra. A Lei brasileira nº 13.123, de 20 de maio de 2015, que trata do acesso à biodiversidade e dos conhecimentos tradicionais a ela associados, estabelece também um conceito do que chama "comunidade tradicional" como aquela que se reconhecendo como tal, possui organização social e ocupa e usa territórios e recursos naturais. Quer dizer, as leis, nacionais e internacionais, sempre associam estes povos e comunidades a um território, considerando que não há garantia de direito à existência se não há garantia sobre território. A diferença conceitual entre o território tradicional e uma terra de propriedade privada é que esta é um direito moderno individual e fundado no contrato, em geral de compra e venda, e o território é fundado no uso coletivo e na harmonia com a natureza, porque é da natureza que a comunidade mantém sua vida e sustento, é uma terra ocupada, que continua ocu-

---

[65] Decreto 6.040, de 7 de dezembro de 2007, artigo 3º, inciso I.

pada, servindo de moradia e provendo todas as necessidades coletivas. Ao contrário da propriedade privada, esta terra é indisponível e, acima de tudo coletiva.

Tanto nas terras indígenas como nas de uso e posse de outros tradicionais não indígenas, a natureza se mantém e reproduz sendo modificada e modificando a sociedade humana que a habita, quer dizer há uma relação íntima entre gente e natureza de tal forma que ambas compreendem uma totalidade. A modernidade e seu direito, com sua múltipla divisão de subjetividades e objetividades, com suas categorias e métodos, isolou a sociedade humana, imaginando uma única sociedade de indivíduos, cada vez menos solidários, menos fraternos, menos coletiva e mais distante da natureza e desconsiderou as sociedades e povos que com ela conviviam e convivem.

A diferença entre povos indígenas e os demais é que os indígenas são originários, já estavam no território americano antes da chegada dos colonizadores europeus no virar do século XVI, enquanto os demais foram sendo criados no período de colonização para dela se afastar em busca da liberdade. Este segundo caso é o dos povos sequestrados da África, escravizados, em permanente luta pela liberdade e contra o escravagismo, mas também em luta pela construção ou reconstrução de sociedades destruídas no desumano processo de mercado de pessoas. Mas não foram apenas os indígenas e afrodescendentes que não quiseram trocar suas vidas coletivas pela submissão individual ao capital agrário, muita gente o fez, criando uma legião de pequenos povos e comunidades camponeses e coletores, adaptados às condições naturais que lhes couberam viver. É uma cultura camponesa que o capitalismo agiu durante para acabar no século XX com as chamadas reformas agrárias capitalistas, tentando fazer com que estas comunidades se transformassem em proprietárias de pequenas terras, mercadorias posta em mercado para concentração e, assim, destruídas como comunidades, ingressam no mundo urbano do capital como indivíduos trabalhadores. Esta cultura camponesa atacada de forma impiedosa no século XX sobreviveu e se manteve cada vez mais organizada e combativa no século XXI. Essas gentes que estavam sobrevivendo isoladas, escondidas, invisíveis, não tiveram opção ante a destruição e se organizaram mostrando uma surpreendente força como movimento social.

Para cumprir essa reforma agrária capitalista, as leis foram dando cada vez mais garantias e liberdade à propriedade privada, mas, ao mesmo tempo, exigindo compromissos do proprietário no sentido de tornar as terras produtivas de mercadorias que servissem ao mercado internacional, chamadas de *commodities*. A produção da cultura camponesa é, em geral, de alimentos pouco processados, de melhor qualidade e pouco interesse para os grandes capitais varejistas. Este sistema passou a usar o Estado para diversas formas de criminalização tanto do uso da terra como da cultura camponesa e sua defesa, promovendo despejos e negações de direitos coletivos.

Estes povos, nas últimas décadas do século XX, passaram a ter sua territorialidade ameaçada pela necessidade de proteção da natureza e criação dos chamados espaços ambientais protegidos. É que nos territórios destes povos a natureza vive em harmonia com a sociedade de tal forma que é permanentemente utilizada e manejada como condição de vida comunitária, enquanto nos espaços destinados à produção de mercadorias capitalistas a natureza é arrasada deixando lugar apenas para a produção e as pessoas que nela trabalham. Por isso, quando surgiu a necessidade de proteger a natureza, se entendeu que os espaços protegidos e as chamadas unidades de conservação deveriam ser estabelecidos exatamente onde havia natureza viva. Com isso a política de proteção passou a usar a força do estado para transformar os territórios dos povos tradicionais, em geral protegidos por eles, em unidades de proteção sem gente, obrigando-os a saírem ou deixarem de usar a terra segundo seus usos, costumes e tradições.[66] O capitalismo agrário produtivista e imediatista não concorda com a criação dessas unidades de conservação porque acredita que isso retira terras do mercado.

A terra mercadoria, terra vazia do capitalismo[67]

A terra sempre foi para todos os povos a fonte da vida, para colher alimentos, para produzir objetos, coisas de valor para a vida da comunidade. O capitalismo transformou estas coisas em simples mercadorias, que deixaram de ser bens em si para serem apenas valores negociáveis que se trocam por dinheiro, mudou o conceito de utilidade, isto é, o seu valor de uso, estético, sentimental ou cultural deixou de ser apreciado (no duplo sentido, que não se tem apreço, nem preço) dando lugar exclusivo ao seu valor de troca, ao valor de mercado.

Mais grave, porém, foi esse conceito de bem-mercadoria-capital ter atingido a terra propriamente dita, quer dizer, a terra

---

[66] DIEGUES, Antônio Carlos. **O mito da natureza intocada**. 6ª ed. ampliada. São Paulo: Huicitec/Nupaub/USP/CEC, 2008.
[67] Este item está baseado no artigo: SOUZA FILHO, Carlos Frederico Marés. Terra mercadoria, terra vazia: povos, natureza e patrimônio cultural. In: **Revista Insurgência**. Brasília, ano 01, vol 1, n. 1, p. 57-71. jan-jun 2015.

deixou de ser vista como a fornecedora da utilidade da vida para ser também uma mercadoria que se compra, vende e acumula como um pedaço de ouro ou um colar de pérolas. Passou a ser capital. Como capital sequer necessita produzir para ter valor, basta estar disponível para produzir, eis o problema, tudo o que está em cima de forma permanente e impeça seu uso para produzir mercadorias atrapalha e nessa condição está a natureza que deve ser preservada, os povos tradicionais que não pautam sua vida pela produção de mercadorias, e o chamado patrimônio cultural, natural ou artificial, que deve ser conservado.

A mercadoria terra é diferente das demais mercadorias guardadas e acumuladas. Quando o ourives produz um anel com o pedaço de ouro, ao vender o anel vende junto o ouro, quando o produtor rural vende a *commoditie* ou a comida, não vende a terra junto, o valor do ouro se agregou ao anel, o valor da terra não se agregou ao produto da terra. A terra não se esgota, é espaço que preenchido pode ser esvaziado para de novo se preencher, e, curiosamente, vale mais quanto mais livre, mais vazio, disponível, esteja.

Por isso, tudo que está permanentemente sobre a terra, ocupando o espaço, na lógica cruel da mercadoria, é atrapalho, inutilidade, obstáculo nefasto. Nesta categoria de obstáculo nefasto para a mercadoria terra, como visto, está a natureza ou a biodiversidade natural, estão também os povos indígenas, quilombolas, outros tradicionais e suas culturas. Além disso, estão também os prédios, casas, edificações em geral que expressam uma manifestação cultural e por isso são protegidos pela sociedade e seu Direito, não podendo ser demolidos ou essencialmente modificados. As terras rurais e os terrenos urbanos são valorizados na proporção da escassez e dos investimentos públicos, portanto vão ganhando valor independentemente de qualquer esforço do proprietário. Mas se não estão vazios, ocupados por belas edificações ou densa mata protegida, ou povos tradicionais, o valor diminui podendo chegar a zero, porque o que se valoriza é apenas o espaço vazio ou passível de esvaziamento. Essa mercadoria inventada pelo capitalismo[68] é diferente das demais, não se consome no uso e ganha valor com a ação alheia e independentemente de custos. O ouro, por exemplo, para ser valorizado como mercadoria depende de trabalho humano, com investimentos privatizados que o arranca da terra, limpa e entrega ao ourives ou ao Banco, a terra, não, já está lá e lá ficará, o trabalho humano que a valoriza é investimento público, de todos, estrada, energia e saneamento. O trabalho na própria terra renderá lucros com as vendas das mercadorias, mantido o valor da terra antes e depois do trabalho.

A terra vazia do capitalismo tem valor porque nela se pode plantar, não a comida de quem planta, mas a mercadoria que o capital venderá. A mercadoria terra é o vazio. A agricultura e o pastoreio, porém, foram avanços da humanidade. Ambos dependeram de uma curiosa observação da natureza e um longo e detalhado aprendizado. A transformação da natureza, das plantas e dos animais que os seres humanos foram domesticando, foi um processo de conhecimento, uma acumulação cultural coletiva. O capitalismo transformou também esse conhecimento em propriedade individual e as sementes e mudas passaram também a ser restritas e inalcançáveis.

Esse processo chamado de revolução verde foi uma guerra contra o naturalmente verde, contra a natureza. A produção agrí-

---

[68] POLANYI, Karl. **A grande transformação**: as origens de nossa época. Rio de Janeiro: Campus-Elsevier, 2000.

cola passou a ser baseada na maquinaria movida a combustível fóssil e em altas dosagem de produtos químicos para ajustar a fertilidade do solo que a natureza afastada e destruída não poderia fazer. Neste mundo de natureza expulsa, as sementes passaram a ter proprietários, como a terra. Sementes e terras não poderiam ser utilizadas senão com a autorização do proprietário, então não estava mais permitida nem às plantas, nem aos animais, nem aos outros humanos, a sua utilização. Nesta lógica de natureza inimiga, a devastação passou a ser absoluta. A natureza substituída por mercadorias servia apenas se pudesse ser transformada em mercadorias, como madeira, o resto ganhou o apelido de nociva ou inútil. Como inútil ou nocivo passou a ser considerada a maior parte dos animais e insetos, além das plantas.

Para compensar a absoluta destruição da natureza, numa posição pendular, os sistemas legais passaram a regulamentar espaços ambientalmente protegidos com criação de Parques e Reservas Florestais Legais. Estas normas são consideradas contrárias à agricultura, mas não apenas à agricultura capitalista destruidora da natureza. Nesta concepção a regra geral é proibir qualquer agricultura, seja a dos químicos e energia fóssil, seja a integrada com a natureza, como dos camponeses e povos tradicionais, indígenas e quilombolas e muitos outros. A lei desde então é feita sempre pensando nos inimigos e, portanto, colocando de um lado a agricultura predatória e de outro a natureza, sem qualquer possibilidade de intermediação, promovendo uma guerra, ao mesmo tempo à floresta e aos povos da floresta, porque ao proteger florestas, permite que todas as outras sejam destruídas e nas protegidas não permite os povos. Amarga contradição do racionalismo moderno capitalista.

Para a terra de propriedade privada capitalista, ela mesma mercadoria, a ocupação pela natureza é um estorvo, e é por isso que a ideologia proprietária rural é contra tudo o que seja proteção da natureza. Se a lei ou a própria natureza (declividade, por exemplo) impede que seja removida é considerado um espaço produtivo perdido, uma mercadoria perdida. Exatamente por isso a discussão sobre a proteção da natureza envolve a discussão sobre o capital terra e, em consequência, é uma ingenuidade pensar que os argumentos da conservação de longo prazo, da necessidade de proteção e das questões da vida e do ambiente são capazes de convencer os proprietários.

Para além da fronteira agrícola, onde está a natureza segundo a concepção moderna, habitam povos que também praticam a agricultura, mas de forma harmônica com natureza, são os Povos da Floresta. Portanto, as terras são ocupadas pela natureza e pelos povos que nela e com ela coabitam, quer dizer, os humanos fazer parte da natureza. Estes povos são os "indígenas", cujas tradições se estendem para antes da colonização porque seus ancestrais já estavam no território quando os europeus chegaram, e outros povos que se formaram apesar e em geral contra o processo colonizador. Nesta diversidade de povos estão os quilombolas, que são produto da colonização escravagista e que no Brasil assumiram uma importância muito especial ao terem sido reconhecidos seus direitos territoriais na Constituição de 1988, e muitos outros, povos e coletividades, como os seringueiros, castanheiros babaçueiros, pescadores e camponeses como os faxinalenses, geraizeiros, fundos de pasto, etc.

Todos estes grupos têm a qualidade de manter uma relativa autossuficiência e fraternidade interna que mantém sua unidade social e referência territorial, além de ter uma convivência com a natureza que supre a sua vida. Estes grupos, chamados também de tradicionais, inclusive por leis brasileiras, mantém uma produção de bens de forma tradicional, isto é, sem usar as técnicas da revolução verde, mesmo fazendo combate a pragas e manejando o melhoramento das sementes e mudas, aliás, esta é mais uma das características destas populações, manter as próprias sementes que são chamadas pela lei brasileira, de forma genérica, de crioulas ou indígenas.

Os territórios destes povos ocupam terras mantendo sobre elas a natureza e a si mesmos. Tecnicamente são territórios dos povos e não da natureza, porque a natureza só está preservada porque os povos a preservam. As políticas chamadas de integracionistas, que pretendem transformar cada integrante do povo em trabalhador individual, ou proprietário individual de um lote de terreno, tenta terminar com o povo, com o coletivo. Com o fim do coletivo, o território se transforma em terra privada, possibilitando que seja esvaziada, finalmente, mercadoria e capital. O empecilho não é a preservação ambiental, a floresta, é o povo e sua cultura. Este é fenômeno comum na América Latina e resiste desde os primeiros momentos da colonização. No México do século XIX, na tentativa de estruturar o capitalismo, este tema aparece claramente. Para liberar terras aos capitais tinham que limpá-las dos coletivos indígenas e também da Igreja Católica, para isso as propostas mais generosas eram indenizar a Igreja e conceder terras aos indivíduos indígenas que as poderiam vender[69].

A terra, no capitalismo, tem seu valor independente do uso, mas para ter valor precisa que esteja disponível ao uso. Como a

---

[69] BÓRQUEZ BUSTOS, Rodolfo; ALARCÓN MEDINA, Rafael et BAZILIO LOZA, Marco Antonio. **Revolução Mexicana:** antecedentes, desenvolvimento, consequências. São Paulo: Expressão Popular, 2008.

terra não transfere seu valor para as mercadorias produzidas, ela passou a ser uma mercadoria em si, com tanto mais valor quanto mais vazia estiver. Por isso os povos das florestas, as populações que usam a terra segundo suas tradições coletivas, a natureza viva, as plantas e os animais, e as edificações protegidas como patrimônio cultural são considerados entraves, obstáculos para a livre comercialização da terra.

O mais sofisticado e recente modo de integrar a terra ocupada ao capitalismo, como mercadoria, tem sido pela chamada economia verde, que pretende transformar em mercadoria a cobertura florestal das terras indígenas e das áreas de proteção ambiental com um Pagamento por Serviços Ambientais. Isto significaria transpor o valor da terra para sua cobertura vegetal. É claro que o patrimônio cultural, nesta discussão fica de fora, seja na edificação das cidades, seja na cultura material e imaterial dos povos das florestas. É mais uma tentativa do capitalismo de tirar proveito dos povos desconsiderando suas culturas e promovendo o etnocídio.[70]

---

[70] PACKER, Larissa Ambrosano. **Novo código florestal e o pagamento por serviços ambientais.** Curitiba: Juruá, 2015.

SEGUNDA PARTE

Terra: um direito à vida

O Estado do Bem-Estar Social

O desenvolvimento capitalista transformou a terra em propriedade privada, e a terra transformada em propriedade privada promoveu o desenvolvimento capitalista. A terra deixava de ser sustentáculo da vida e ainda com mais força na América Latina, cuja produção estava voltada para abastecer, a baixo custo, mercados externos. As insurgências latino-americanas, portanto, viriam a ter um forte acento camponês, tendo a terra como centro de disputa e os povos originários como aliados.

De fato, já não havia mais, na Europa do final do século XIX, quem acreditasse que o liberalismo, com sua propriedade absoluta, pudesse fazer frente à miséria dos trabalhadores e a cada vez mais insustentável situação insurrecional vivida da Rússia à Inglaterra. Enquanto a *Rerum Novarum*[71] reclamava por uma propriedade com dignidade humana, os socialistas europeus propugnavam na práxis do socialismo, utópico ou científico, que a dignidade humana somente seria possível sem a propriedade privada.

A luta de ideias e de classes tomava aspectos radicais e propostas inovadoras. A Rússia atrasada e czarista foi se desmoronando e já em 1905 dava mostras de que grandes transformações

---

[71] IGREJA CATÓLICA. Papa Leão XIII. **Rerum Novarum.** 7ª edição. São Paulo: Paulinas, 1983.

estavam por ocorrer. A Alemanha passava por momentos de grande agitação e os sindicatos ingleses e franceses postulavam uma sociedade mais justa.

Os socialistas russos estavam intimamente ligados à terra e propunham mudanças profundas para os camponeses. Nos países mais industrializados a luta era por maior dignidade para os trabalhadores e assalariados. Nas Américas pressões e lutas populares irrompiam por toda parte. Canudos e Contestado são apenas dois exemplos brasileiros, mas a revolução agrária, com toda sua grandeza e heroísmo, iria ter por cenário o México insurgente do começo do século XX.

Os movimentos sociais europeus e latino-americanos forçavam mudanças. A Rússia completava sua revolução socialista e punha fim à propriedade privada da terra e de todos os meios de produção, em 1917. Impunha-se no mundo ocidental transformações que acalmassem os trabalhadores e outros povos que reivindicavam contra a propriedade privada da terra, como os camponeses e indígenas da América.

A *Rerum Novarum* foi um sinal, em 1891, dessa insatisfação e uma reação para fazer frente ao risco que o mundo capitalista sofria pelo avanço do socialismo. A proposta era aceitável para o sistema porque concluía que a propriedade privada, especialmente da terra, era um direito natural e, portanto, seria desumano não a reconhecer como faziam os socialistas[72]. A *Rerum Novarum*

---

[72] Não se pode esquecer que a discussão proposta pela *Rerum Novarum* com os socialistas é teórica, posto que publicada em 1891, muitos anos antes, portanto, da vitória da revolução russa, de 1917. Entretanto as propostas marxistas, que viriam a ser vitoriosas na Rússia, já estavam expostas e serviam de base para diversos partidos socialistas europeus nem sempre unânimes em suas interpretações. Por muitos anos, até a segunda metade do século XX, os dirigentes do Partido Social Democrata Sueco, no poder, se diziam marxistas, embora não leninistas, o que os fazia alinharem-se com o ocidente.

propunha que o contrato, fundamento da propriedade, deveria ser revisto, isto é, a liberdade contratual e o livre exercício do direito de propriedade deveriam sofrer limitações, para que fosse mantida a propriedade em nome da dignidade e da vida.

Ninguém podia mais concordar com o desumano contrato de trabalho da indústria europeia e poucos deixavam de criticar as condições a que foram submetidos os povos dos outros continentes pelo colonialismo. A reformulação dos Estados estava na ordem do dia e os Movimentos Políticos disputavam entre si propostas inovadoras lançando ao futuro esperanças de melhores dias. Vivia-se momentos de grandes expectativas, lutas e esperanças.

A promessa capitalista na Europa era de criar um Estado de Bem-Estar Social que tivesse uma preocupação cuidadosa com o cidadão, com cada cidadão, dando-lhe saúde, escola, paz e velhice digna, além de um trabalho que o mantivesse altivo e orgulhoso de sua produção. Mas, ainda mais do que isso, prometia pleno emprego, mesmo nos momentos de crise, mantendo a propriedade privada dos meios de produção. Para tanto, a terra deveria estar dividida em parcelas que garantissem a sobrevivência e a máxima rentabilidade de quem nela trabalhasse mediante direta participação do Estado por meio de subsídios ou políticas de financiamento.

A produção em massa, em grandes extensões monoculturais, se deixaria para fora da Europa. Os frutos baratos e abundantes, como os grãos, café, cacau, açúcar deveriam ser produzidos nos latifúndios da América e da África, onde as promessas de Bem-Estar Social deveriam ser trocadas por paternalismo e autoritarismo caudilhesco, na América, e opressão colonial direta na África. Baseado na mão de obra barata, na dificuldade de acesso à terra e na exploração da miséria e do analfabetismo, o Estado do

Bem-Estar Social na América Latina foi implantado à força, mas ficou parecendo um arremedo mal-acabado do original europeu, benefícios sociais legislados a conta gotas não chegaram nunca aos reais necessitados e destinatários. Na África colonial nem mesmo as duríssimas guerras de libertação conseguiram implantar. Na realidade o que a Europa e os Estados Unidos ofereceram para a África e a América Latina foi somente a vã esperança dos colonizados virem a ser iguais aos colonizadores, se, é claro, se comportassem como bons colonizados[73].

Por outro lado, a oferta socialista era de redenção já! A transformação da propriedade da terra em uso e o deslocamento da produção direcionada para o bem-estar, independentemente do lucro, oferecia uma esperança profunda de melhora somente contida pelo temor de perder as luzes e o glamour da metrópole europeia. A produtividade haveria de ser medida pelo resultado social e não rentabilidade financeira do empreendimento. Cada povo construiria em seu território o jeito mais fácil de encontrar essa felicidade, aliados entre si no que se chamaria internacionalismo proletário. Para isso, a proposta era de luta, revolução, sofrimento, renúncia e guerra.

As duas propostas eram de cunho nitidamente europeu. As duas desconsideravam o caráter tribal africano e indígena das Américas. De qualquer forma, a luta de ideias amadureceu até a eclosão da Primeira Guerra Mundial (1914-1918) que marcou o fim do liberalismo ou como escreveu Keynes, o "fim do *laissez faire*"[74]. A partir daí o mundo assistiria a avassaladora participa-

---

[73] FANON, Frantz. ***Los condenados de la tierra***. Santafé de Bogotá: Fondo de Cultura Económica, 1999.
[74] KEYNES, John Maynard. The End of Laissez-Faire In: **Essays in Persuasion.** Palgrave Macmillan, London, 2010

ção dos Estados na vida dos povos e dos indivíduos. O Estado ganharia novas dimensões e o Direito novo conteúdo.

O novo Estado capitalista que estava sendo construído na Europa pós-primeira guerra previa Constituições que não só permitissem, mas determinassem intervenções na ordem econômica. Este novo Estado que veio a se chamar "Interventor" ou do "Bem-Estar Social" ou "Providência" ou, mais elegantemente de *Welfare State*", foi iniciado na Alemanha de Bismark com leis que garantiam o seguro desemprego, protegiam os acidentes de trabalho e concediam aposentadoria por idade ou invalidez[75], mas somente com a promulgação da Constituição do Império Alemão, em 11 de agosto de 1919, a conhecida Constituição de Weimar, a intervenção na ordem econômica e mais precisamente na propriedade privada, ficou instituída como preceito de Estado na Europa capitalista.

É do mesmo ano, 1919, a fundação da Organização Internacional do Trabalho que em seu preâmbulo reconhecia a existência de condições desumanas de trabalho que geravam miséria, injustiças e privações para grande número de seres humanos. Em razão disso, propugnava a regulamentação para todos os países de horas de trabalho, fixação de jornada máxima diária e semanal, pensões por velhice e doença, garantia contra o desemprego, proteção das crianças, adolescentes e mulheres e, principalmente, a liberdade de organização sindical. Isto significava bulir com o coração do liberalismo impondo regras para o contrato, retirando-

---

[75] Lei de 15 de junho de 1883, torna o seguro-doença obrigatório. Lei de 1884 obrigava os patrões a cotizar-se em caixas cooperativas para cobrir casos de invalidez permanente resultantes de acidentes de trabalho. Lei de 1889 instituiu um sistema obrigatório de aposentadorias, propostas semelhantes ocorriam e eram aprovadas na França e Inglaterra. Ver mais a respeito no livro de ROSALLON, Pierre. **A crise do estado-providência**. (Trad. Joel Pimentel de Ulhôa). Goiânia: Editora UNB/Editora UFG. 1997.

-lhe a liberdade total e propugnava a criação de entidades que se estabelecessem entre o Estado e os cidadãos, os sindicatos.

A Constituição de Weimar trazia uma seção sobre a vida econômica e, em seu artigo 152, estabelecia que "nas relações econômicas a liberdade contratual só vigora nos limites da lei" possibilitando que a lei restringisse qualquer contrato, interferindo na vontade das partes ou diretamente as condicionando. O artigo 153 garantia a propriedade, mas estabelecia que seu conteúdo e limites estariam prescritos em lei. Adiantava no corpo do artigo que a lei poderia estabelecer exceções de desapropriações sem indenização e terminava afirmando: "A propriedade obriga e o seu uso e exercício devem representar uma função no interesse social"[76].

Keynes dizia, na década de trinta do século XX, que os dois vícios marcantes do mundo econômico de então eram a não garantia do pleno emprego e a falta de equidade na repartição da fortuna das nações[77]. Nesta lógica achava que o Estado deveria promover um forte incentivo ao consumo e uma dura tributação às grandes fortunas, quer dizer, o Estado deveria participar decisivamente na vida dos cidadãos e de forma direta na ordem econômica. Propunha, assim, mudanças no capitalismo, como a *Rerum Novarum*, para organizar um contra-ataque ao socialismo. Enquanto a Encíclica disputava teoricamente, o economista combatia a prática, porque a revolução russa, alguns anos antes, havia iniciado

---

[76] As citações dos artigos da Constituição de Weimar foram feitas a partir da tradução do Prof. Jorge Miranda. In: MIRANDA, Jorge. **Textos históricos do direito constitucional**. Lisboa: Imprensa Nacional/Casa da Moeda, 1980.

[77] Keynes desenvolveu esta ideia no livro: **Teoria geral do emprego, do juro e da moeda**. Não se pode esquecer que Keynes escreveu num momento em que o mundo tinha recém saído de uma Guerra, superado uma profunda crise financeira e assistia a lutas pontuais em várias partes do mundo, inclusive no coração da Europa, pelo socialismo.

um processo de superação destes vícios pelo caminho da supressão da propriedade privada. Keynes propunha uma nova adequação da propriedade abandonando o seu absolutismo e criando, a par do direito, uma ou algumas obrigações, na esteira de Weimar.

Esta ideia de que a propriedade gera obrigações passou a acompanhar o Direito ocidental por todo o século XX, muitas vezes não entendida, outras não aplicada, omitida, deliberadamente esquecida, sempre presente nos discursos oficiais e distante das decisões judiciais.

Uma Função Social para a propriedade

O Estado do Bem-Estar Social se caracterizou pela regulação da ordem econômica, geração de sistemas previdenciários, e direta intervenção nos contratos, especialmente no de trabalho e nos agrários, que se ligam diretamente à produção e reprodução do capital. Em termos ideais, criaria um sistema de proteção dos trabalhadores e uma seguridade social abrangente, que garantisse a todos comida, saúde, educação e moradia. Na Europa foi criado um Estado Providência com serviços sociais que garantiriam uma vida tranquila e sem surpresas. É claro que nem todos países atingiram o mesmo nível de proteção, mas o Estado participou na distribuição de renda, cobrando pesados impostos e oferecendo serviços de aposentadoria, médicos e de educação aos menos aquinhoados. A propriedade da terra, privada, passou a se ligar diretamente à indústria e o campo se tornou centro de produção com alta tecnologia e fortemente subsidiado. A natureza foi submetida às necessidades humanas. Alguns lugares se tornaram jardins de cuidada beleza e outras paisagens monótonas, quando não marcadas pela feiura da produção intensiva debaixo de construções de plástico, onde até o clima é modificado pela ação humana.

Na América Latina foi se organizando um Estado do Bem-Estar dependente, que obteve pequenas conquistas sociais e ainda assim, associado a ditaduras de caudilhos nacionalistas, como Perón e Vargas[78]. Mesmo depois de escrito nas leis, o bem-estar não chegou senão a poucos. Em relação à propriedade agrária avançou ainda menos porque permaneceu como paradigma o poder absoluto do proprietário de dispor do bem, tendo como única exceção a desapropriação, criada no começo do século XIX, e que não era exceção, porque se lhe pagava o preço. É claro que estas duas coisas estão interligadas: o Estado de Bem-Estar Social pressupunha uma ordem fundiária mais justa e fundada no uso da terra. Por isso os setores dominantes menos atrasados da sociedade, como o capital nacional, não se opunham à reforma agrária, ao contrário, seguiam a cartilha norte americana do Programa chamado Aliança para o Progresso e consideravam necessária uma reestruturação no campo, sempre pensando na terra como elemento de produção para a acumulação de capitais e produtores rurais como consumidores.

---

[78] Tanto Perón quanto Vargas, promoveram na Argentina e no Brasil profundas reformas na legislação, introduzindo leis trabalhistas e previdenciárias, favorecendo a industrialização. Juan Domingos Peron foi Presidente da Argentina de 1946 a 1955, mas como Ministro do Trabalho no período anterior promoveu uma verdadeira revolução trabalhista, o que lhe valeu o apoio das classes trabalhadoras, foi eleito novamente Presidente em 1973, mas morreu com um ano de mandato. Getúlio Dornelles Vargas governou o Brasil como Presidente Constitucional e como ditador de 1930 a 1945, promovendo uma reforma profunda no contrato, criou a Justiça do Trabalho e Consolidou as Leis Trabalhistas. Foi eleito novamente e 1951, tendo se suicidado na presidência, em 1954. Perón e Vargas foram chamados em seus respectivos países de "pai dos pobres".

A terra ociosa não servia ao capitalismo, mas os latifundiários sempre detiveram poder político e foram os aliados mais presentes do capital, apesar de reter os avanços e progressos que o próprio capital achava necessário para combater as forças sociais. É claro que além disso a reforma agrária poderia ser um risco, porque muitas terras serviam de garantia hipotecária de contratos bancários, e a especulação com bens imobiliários sempre foi um negócio altamente rendoso, além de sua estreita vinculação com a corrupção administrativa, seja na concessão das terras, seja na indenização pela concessão de títulos, seja pelos pagamentos nas indenizações por desapropriação. Qualquer estudo sobre o valor das desapropriações revela falcatruas escandalosas contra o interesse público, porque os valores pagos são invariavelmente mais altos do que o preço da aquisição originária, sempre com a complacência do Poder Judiciário e a justificativa do formalismo jurídico[79].

Assim, o capital tinha que conciliar uma reforma agrária que melhorasse o consumo e baixasse o preço da mão de obra, com a integridade patrimonial. Por isso as soluções preferidas pelas elites são sempre de reforma agrária com desapropriação, isto é, com o pagamento da recomposição do patrimônio individual, mesmo quando a terra fosse usada em desacordo com a lei. Dito em outras palavras, a reforma agrária capitalista propunha apenas a mudança de proprietários da terra, com uma dupla mobilização do capital: transformar uma terra improdutiva em produtiva e liberar dinheiro aos latifundiários para investir em outros negócios. Este novo negócio capitalista deveria ser feito com dinheiro público. Desta forma a elite se recompunha e se protegia, porque

---

[79] INCRA – INSTITUTO NACIONAL DE COLONIZAÇÃO E REFORMA AGRÁRIA. **O livro branco das grandes indenizações**. Brasília. 1999.

os donos da terra mal usada, enriquecidos com o dinheiro público, passavam a gastá-lo com produtos ou com investimentos que movimentam a economia a favor do capital. A conta destes investimentos, está claro, era passada ao povo pagador de impostos, porque a indenização dos proprietários ilegais seria paga com o aumento do preço do pão dos trabalhadores urbanos.

As lutas camponesas pela reforma agrária, portanto, marcadas por matizes diversas, se contrapunham a esta reforma agrária capitalista, que é uma simples modernização do campo, uma redistribuição das terras ociosas para aumento da produção e maior circulação de capital. O discurso reformista agregava a isto o argumento de maior participação dos trabalhadores que encontrariam postos de trabalho no campo com sua modernização, além de afirmarem que o aumento da produção tinha como objetivo a segurança alimentar. As propostas das lutas camponesas, por outro lado, desde as mais defensivas, sem proposições políticas claras, como a Guerra do Contestado, até os engajados marxistas, como o líder Manoel Jacinto, tinham sempre o sentido de fazer com que terra voltasse a ser a fonte da vida e da cultura de cada povo e, desta forma, garantir a segurança alimentar e a felicidade dos trabalhadores. Nem sempre a redação das leis excluía as propostas populares, mas quando não estavam claramente explicitadas, e ainda que o estivesse, as elites interpretavam a favor do seu próprio bolso, obtendo decisões judiciais favoráveis aos antigos conceitos de reposição patrimonial.

Praticamente todos os países latino-americanos escreveram suas leis de reforma agrária, muitas vezes impulsionadas por incentivos externos, outras pelas aguerridas lutas camponesas locais. Sem pretender fazer o sofrido exercício de ler uma a uma, podemos dizer que todas, de uma ou outra forma, com mais precisão ou em termos vagos, reconheceram que a propriedade obriga e a obrigação do proprietário é cumprir determinada função social, com este ou outro nome. A diferença sempre esteve na consequência do descumprimento da lei, que vai desde a vaga possibilidade do Estado, querendo, desapropriar pagando o preço de indenização, isto é, premiando o transgressor, até a desconsideração do direito de propriedade de quem não cumpria a lei.

O termo função social é unânime na doutrina agrária do continente, mas não nas leis nacionais. A peruana, por exemplo, chama de uso em harmonia com o interesse social; a colombiana, adequada exploração e utilização social das águas e das terras; a venezuelana e a brasileira, que têm a mesma matriz, usam o *nomen* função social da propriedade.

O instituto da função social é na realidade aberto, isto é, deve ser complementado por um conteúdo legal específico, mas está sempre relacionado à necessidade que as sociedades têm da terra e seus frutos. Embora seja geralmente atribuído a Léon Duguit[80], a construção da ideia de função social da propriedade, porque ao mesmo tempo que rejeitava noções socialistas de propriedade, criticava incisivamente a concepção clássica liberal capitalista e propunha limites legais ao seu exercício em prol da cidadania, ela aparece em muitos autores e filósofos na interpretação do conteúdo da propriedade. No final do século XX e século XXI aparece não só um conteúdo social ou função social, mas também uma função ambiental ou de proteção da natureza, das águas, das florestas e dos animais.

Importante, por isso, não é o uso de termo, mas as consequências que o sistema jurídico atribui à limitação imposta. A

---

[80] DUGUIT, Léon. **Law in the modern state**. Leopold Classic Library, 2016.

opção da lei boliviana, por exemplo, foi no sentido de definir o que se reconhece por propriedade agrária, não dando o Estado qualquer proteção jurídica à ocupação da terra que estivesse fora da tipificação feita. Os tipos estabelecidos eram os que lei considerava o exercício de uma "função útil para a coletividade nacional". Desta forma a lei criava um conceito de propriedade da terra diferente do conceito geral, civil, de propriedade.

Cada país foi adaptando a ideia precursora de uma função social com as próprias características nacionais. A lei venezuelana estabeleceu longa lista de elementos que dão à propriedade uma função social, mas basicamente exige a exploração eficiente e direta, considerando não cumprida quando explorada por arrendatários, parceiros, meeiros, etc. Estão incluídos também elementos de preservação ambiental, isto é, de produção sustentável. Mas realmente o que mais interessa naquela lei é o efetivo trabalho do proprietário, a ponto do agrarista Ramon Vicente Casanova afirmar:

> *De donde (norma constitucional) se desprende que si la propiedad se admite por la función social que le es inmanente, aquella apenas cumplirá con esta cuando se halle en manos de quienes la trabajan. Tal postulación constitucional tiene un desarrollo legal que arremete contra la explotación tradicional de la tierra. (...) La explotación indirecta de la tierra hizo proliferar formas de tenencia distintas, como el arrendamiento y la parcería, que le permitieron a los propietarios disfrutar de sus tierras desde lejos, como absentista. Bueno, la ley de reforma agraria prohibió estas formas y creó en favor de los arrendatarios, parceros y ocupantes, el derecho a la adjudicación de las tierras que trabajan*[81].

---
[81] CASANOVA. Ramon Vicente. Un nuevo perfil de la función social de la propiedad de la tierra. In: **Revista de Derecho y Reforma Agraria**. do Instituto Latinoamericano de Derecho Agrario. Nº 18, em Mérida. Ven. p.11.

Dez anos depois desta análise de Casanova, a Venezuela promulgaria uma nova Constituição, em 1999, que constituiria a República Bolivariana de Venezuela, com características especiais, como veremos nas análises da Constituições vigentes.

Do outro lado do norte da América do Sul, desde os tempos de Simon Bolívar, a tradição constitucional colombiana foi muito forte e a inovação de institutos de proteção de direitos sociais se fez sempre sentir, ainda que com tão profundos problemas de violência interna. Para dar uma pequena mostra dos avanços da legislação daquele país andino-amazônico, basta dizer que uma usucapião rural de cinco anos foi criada no já longínquo ano de 1936, quando no Brasil ainda eram necessários quinze anos[82]. Neste mesmo ano a lei permitiu ao Estado o estabelecimento de restrições ambientais às propriedades privadas.

Analisando este direito, o Professor Guillermo Benevides Melo iniciou um brilhante ensaio dizendo que a desapropriação de terras na Colômbia somente é admitida quando cumpram sua função social, porque a desapropriação se faz de propriedades e aquela que não cumpre a função social propriedade não é:

> *Para el derecho colombiano, la función social condiciona la existencia misma del derecho, lo que equivale a afirmar categóricamente que la propiedad privada que no cumple función social, sencillamente no es propiedad privada. Para decirlo en términos del artículo 30 de la Constitución, el Estado colombiano no garantiza propiedad alguna que no cumpla función social porque allí no hay propiedad, e así, quien pretenda conseguir la protección de las autoridades (...) deberá acreditar que*

---

[82] A usucapião rural de cinco anos é da década de 80' do século XX no Brasil, constitucionalizada em 1988.

> la protección invocada y requerida, se asienta en el hecho de hacer cumplir a sus bienes la función social[83].

Pode se ver com clareza que a ideia da função social está ligada ao próprio conceito do direito. Quando a introdução da ideia no sistema jurídico não altera nem restringe o direito de propriedade, perde efetividade e passa a ser letra morta. Embora embeleze o discurso jurídico, a introdução ineficaz mantém a estrutura agrária íntegra, com suas necessárias injustiças, porque quando a propriedade não cumpre uma função social, é porque a terra que lhe é objeto não está cumprindo, e aqui reside a injustiça. Isto significa que a função social está no bem e não no direito ou no seu titular, porque uma terra cumpre a função social ainda que sobre ela não paire nenhum direito de propriedade ou esteja proibido qualquer uso direto, como, por exemplo, nas terras afetadas para a preservação ambiental quando a função social é exatamente a preservação do ambiente[84].

Houve uma preocupação no século XX em limitar o poder absoluto da propriedade privada no sentido de impedir que o seu caráter absoluto prejudicasse o interesse social, a natureza e o patrimônio cultural. É significativa a discussão havida no STF, na Apelação Cível 7.377, julgada pelo Pleno em 17 de junho de 1942, sobre, exatamente, o Decreto-Lei nº 25, de 1937, que estabe-

---

[83] BENEVIDES MELO, Guillermo. La función social de la propiedad en la Constitución y el la Ley. In: **Revista de Derecho y Reforma Agrária**. Instituto Latinoamericano de Deerecho Agrario. Nº 18, em Merida, Venezuela. Este ensaio foi publicado antes da promulgação da Constituição vigente de 19991, portanto, diz respeito a vigência constitucional anterior.

[84] FACHIN, Luiz Edson. **A função social da posse e a propriedade contemporânea:** uma perspectiva da usucapião imobiliária rural. Porto Alegre: Sergio Antônio Fabris Editor, 1988

lecia o tombamento para bens culturais. O voto do relator, ministro Castro Nunes, "A antiga noção de propriedade, que vedava ao proprietário senão o uso contrário às leis e regulamentos completou-se com a de sua utilização posta ao serviço do interesse social" e complementa dizendo que "a propriedade não é legítima senão quando se traduz por uma realização vantajosa para a sociedade." O ministro Orozimbo Nonato, acompanhando o voto do relator, acrescentou que esta discussão se inseria como "um aspecto da luta entre o princípio conservador e individualista e a tendência socializante, que domina a vida jurídica contemporânea". A decisão do Supremo não foi unânime, tendo dois votos contrários.[85]

Esta discussão atravessa o século XX e entra no XXI, principalmente nos países da América Latina, e se confunde com dois outros temas recorrentes na segunda metade do século XX, os direitos dos povos tradicionais e os direitos da ou sobre a natureza. Se é verdade que esta discussão começa antes de terminar o século XIX, também é verdadeiro que o grande marco jurídico se dá com a Constituição mexicana de 1819. Mesmos nos períodos em que países da América Latina passaram por ditaduras, a discussão não ficou esquecida, mesmo porque muitos golpes de Estado se fizeram exatamente para conter os avanços para um uso da terra mais condizente com as necessidades da sociedade, como é o caso do Brasil, em 1964, e do Chile, em 1973.

---

[85] SOUZA FILHO, Carlos Frederico Marés de. **Bens culturais e sua proteção jurídica**. 3ª ed. Curitiba: Juruá, 2005.

Constituição Mexicana: um marco

Enquanto a Europa discutia teorias, fazia guerra, promovia a revolução socialista e buscava alternativas às injustiças sociais engendradas pelo liberalismo e pela propriedade absoluta, no outro lado do oceano povos estavam sendo expulsos de suas terras e enfrentavam a bala e faconaço os invasores, em situação que fazia lembrar o que vivera a mesma Europa pouco mais de um século antes. As populações moravam e produziam seu sustento nas terras, enquanto o governo concedia títulos que possibilitavam aos novos "proprietários" usarem a sua força ou a força pública para fazer valer o novo direito. Os desalojados, sem alternativas, reagiam, mesmo porque não tinham para onde ir, as vezes um líder carismático os embalava e passaria para a História como bandido.

As guerras camponesas e indígenas, incontáveis na América, são muito parecidas entre si e se diferenciam pelo grau de conquista alcançado ou pelo tempo ou forma em que foram enfrentadas, reprimidas e massacradas. É como se a sinopse de uma servisse para outra: ao se escrever a história de Canudos, do Contestado ou do Altiplano peruano, se está descrevendo a história de qualquer uma das centenas de guerras camponesas da América Latina, todas se parecem e em todas, como dizia Manuel Scorza, os Exércitos Nacionais sempre cometeram a vilania de vencer seus povos.

No México seria diferente. A vitoriosa revolução, embora traída, deixou marcas indeléveis não apenas na estrutura jurídica do continente, mas na esperança dos povos construírem um mundo com a sua cara e gosto. O documento jurídico fundamental gerado por essa revolução é a Constituição de 1917[86]. Ao escrever sua história do direito mexicano, Jesús Antonio de la Torre Rangel afirma sem esconder o justo orgulho:

> *La revolución Mexicana tuvo su expresión jurídica más importante en la Constitución de 1917, considerada la primera "constitución social" del mundo. Incluye en su articulado los numerales 27 e 123, que otorgan concesiones sin precedentes a los campesinos y a los obreros, lo que da un nuevo tinte al Derecho del siglo XX, en México primero y poco a poco en el resto de América Latina*[87].

Toda razão assiste ao professor de Aguascalientes, a Constituição Mexicana de 1917, ainda vigente, foi um marco mais importante do que a de Weimar porque organizava o Estado contemporâneo em uma região cujos conflitos não se estabeleciam entre camponeses servos transformados em trabalhadores livres e a propriedade privada, mas entre camponeses livres, na grande maioria indígena, que queriam continuar sendo livres e indígenas contra o novo regime de propriedade privada, tal como ocorreu em Canudos e no Contestado. Daí que esta Constituição tem uma cara marcadamente agrária, nitidamente camponesa e forte sotaque latino-americano porque anticolonial. Como instrumento jurídico, a mexicana é mais completa e profunda que a alemã porque

---

[86] Constituição Mexicana de 31 de janeiro de 1917. Sobre este particular existem inúmeros livros e trabalhos. Os dados aqui apresentados estão baseados nos livros de Guillermo F. Margadant S., **Introducción a la historia del derecho mexicano;** Maria Eugenia Padua Gonzales, **Evolución socio-jurídica del articulo 27 constitucional;** e Jesús Antonio de la Torre Rangel, **Lecciones de historia del derecho mexicano.** Referências completas ao final.
[87] Obra citada na nota anterior, p. 165.

não apenas condiciona a propriedade privada, mas a reconceitua. Além disso, ademais de ser anterior à alemã em dois anos, até hoje está vigente, apesar de muitas modificações, enquanto a República de Weimar e sua Constituição tiveram vida curta.

No artigo 27, longo e suficientemente descritivo para não deixar dúvidas quanto à sua aplicabilidade, a Constituição Mexicana estabelece quais são as condições ao exercício da propriedade privada das terras, reconceituando-a. Inicia por afirmar que a propriedade das terras e águas é originalmente da Nação que pode transmitir o domínio aos particulares, afastando desde logo a ideia de que a propriedade privada seja um direito natural como tão textualmente afirmara a *Rerum Novarum*. Diferencia duas formas de intervenção na propriedade privada: por um lado reconhecia a desapropriação, que somente pode se dar por razões de utilidade pública e mediante indenização, existente desde os tempos do nascimento do liberalismo; por outro, não reconhece como propriedade áreas que não cumpram os preceitos necessários a seu exercício, quando, então, se dá a intervenção para regular o aproveitamento dos elementos naturais suscetíveis de exploração e a justa e equitativa distribuição da riqueza. Neste item inclui a divisão do latifúndio e o direito de indígenas, coletivamente, à terra e à água. Estabelece uma larga lista de proibições às pessoas jurídicas de adquirirem terrenos rurais e os possuírem, entre os quais a Igreja, as sociedades comerciais por ações e os bancos. Veda, ainda, acesso ao Judiciário aos proprietários afetados por atos que chama de restituição, que são, na realidade, anulação de títulos outorgantes de propriedade originária concedidos contra posse preexistente.

Determina, o artigo 27, que em cada Estado se estabeleça a extensão máxima de propriedade rural admitida por um único proprietário, sendo o excedente fracionado e posto à venda se estiverem satisfeitas as necessidades agrárias da população local.

O artigo 123, a que se refere o Professor Jesús Antonio, regulamenta o trabalho e a previdência social, escrito antes da criação da Organização Internacional do Trabalho -OIT. A leitura do também longo artigo 123 é revelador do quanto avançara a legislação de proteção dos trabalhadores na Revolução Mexicana. Todos os benefícios concedidos por Getúlio Vargas, no Brasil, na década de 30, já estavam ali consignados, além de alguns que somente seriam conquistados pelos trabalhadores brasileiros na Constituição de 1988. A Constituição Mexicana já garantia limite máximo de oito horas da jornada de trabalho, pagamento agravado de horas extras, descanso semanal remunerado, férias, proibição de pagamento do salário em lugares e situações inadequados e com meios diferentes de dinheiro nacional, a igualdade de salário entre gênero e sua impenhorabilidade, a licença gestante de 4 meses, participação nos lucros das empresas, etc.

Resumindo as contas, em 1917 saía ao mundo a Constituição Mexicana reduzindo o conceito de propriedade individual da terra, em 1918 (janeiro) era promulgada a primeira Constituição Soviética, chamada Declaração dos Direitos do Povo Trabalhador e Explorado, que consignava no artigo primeiro: "é abolida a propriedade privada da terra". Somente em 1919, em ato constitucional, a Europa capitalista estabelecia uma restrição à propriedade privada, em Weimar, criando a ideia da obrigação do proprietário, que ficou conhecida como função social da propriedade. Enquanto isso, em 1916, o Brasil promulgava o Código Civil, marcadamente oitocentista e defensor da propriedade absoluta.

Era claro que o mundo estava diante de um dilema para superar a desumanidade da propriedade absoluta: ou o caminho socialista aberto pela Revolução Russa ou a construção de Estados do Bem-Estar Social, promovendo sobretudo uma reforma agrária profunda, declarando obrigações aos proprietários. Essa luta e busca de alternativas foi acompanhada de um sentimento de orgulho nacional sem precedentes nos países colonizados da América Latina, de que são provas o movimento cultural da Semana de Arte Moderna de São Paulo de 1922 e o movimento dos muralistas mexicanos, encabeçado por Diego Rivera e que revelou a força feminina rebelde de Frida Khalo, que são apenas exemplos da riqueza artística e cultural das Américas do século XX.

O Estado do Bem-Estar, portanto, foi marcado pelo nacionalismo e pelas garantias de condições de vida da população nacional, por isso tem um forte sentido de fortalecimento da previdência social e intervenção do Estado na iniciativa privada, seja nos investimentos econômicos, seja na propriedade da terra. Não seria difícil prever que a exacerbação destas condições poderia levar ao doentio Estado autoritário. Embora o nazismo e o fascismo sejam as expressões mais completas dessa doença, ela marcou os estados nacionais europeus e latino-americanos até o final da década de 70 e, em alguns casos, já entrava a de 80. A lista das ditaduras é longa, Grécia, Portugal, Espanha e quase todos os países da América, exceções honrosas para Colômbia, Venezuela e México. Até mesmo o Uruguai, um país com um povo belo, culto e democrata sucumbiu depois da pressão dos dois gigantes vizinhos e seus governos intransigentes, em 1971. O Chile resistiu à ditadura durante muitos anos, mas quando caminhava para se transformar pacificamente em país socialista, viu sobre si desabar o peso do Império e o horror em todas suas proporções, em 1973, como o mais violento e traiçoeiro golpe da América do Sul. O Chile, então passou a ser o laboratório do neoliberalismo dependente.

As ditaduras, especialmente as latino-americanas, não cumpriram a cartilha do bem-estar social. A maior parte perdeu-se na corrupção ou na luta pela manutenção do próprio poder, ou como dizia Jack London, perderam tempo de vida tentando aumentar o tempo de vida. Algumas, dominadas pelas forças do poder rural, cumpriram as garantias trabalhistas urbanas, como o Brasil de Vargas, mas deixaram totalmente de lado uma reforma agrária profunda.

É verdade que muitos países estabeleceram regras para os contratos de trabalho e permitiram a intervenção na ordem econômica e na propriedade privada sem, entretanto, alterar o seu conceito. A propriedade continuaria plena, com as limitações impostas pela lei que poderia intervir no contrato, mas não em sua essência. Além do México, poucos países estabeleceram leis de reforma agrária que mereçam este nome. No Brasil, a Constituição de 1934 aprovou a possibilidade de intervenção na ordem econômica, mas não conseguiu absorver um novo conceito de propriedade privada porque a norma constitucional apenas concedeu a possibilidade de lei alterar o conteúdo da propriedade, sujeitando-a ao interesse comum e social. A Constituição, portanto, carecia de autoaplicabilidade e ficou dependente de uma lei que não veio. Nem mesmo as leis de proteção ambiental da época conseguiram intervir na propriedade privada, apesar da autorização constitucional. A única intervenção que se conseguiu, por lei, foi a declaração de bem protegido por ser integrante do patrimônio artístico, histórico ou cultural da Nação[88], caso em

---

[88] Decreto-Lei nº 25, de 30 de novembro de 1937.

que o exercício da propriedade haveria de se dar abstendo-se o proprietário de atos que pudessem causar danos a esta qualidade e isto porque houve uma grande pressão dos intelectuais e artistas de São Paulo durante o movimento conhecido como a Semana de Arte Moderna de São Paulo, de 1922. A lei de Reforma Agrária brasileira, conhecida como Estatuto da Terra, somente viria à luz em 1964.

De fato, a situação de direitos absolutos da propriedade da terra sem controle ou limite na América Latina, com a exceção do México, somente começou a mudar na segunda metade do século XX, não apenas por pressão dos povos, mas também por interesse do capitalismo. Integrado à Guerra Fria, em 1961, os Estados Unidos lançou um programa para a América Latina chamado "Aliança para o Progresso", que pretendia acabar com a analfabetismo e promover a Reforma Agrária com a integração dos latifúndios improdutivos do continente à produção capitalista, com o objetivo de frear o avanço das ideias socialistas no continente. A proposta era repartir os latifúndios em áreas menores e para quem detivesse capital para investir na agricultura, portanto era uma Reforma Agrária capitalista, mesmo assim sofreu forte resistência do poder latifundiário e teve pequenos e pontuais impactos na região, apesar de quase todos os países terem escritos suas leis segundo o modelo apresentado.

Por outro lado, até por influência da Revolução Mexicana, os povos indígenas e os camponeses começaram a estruturar organizações próprias que vieram a impactar muito mais fortemente a realidade local, principalmente a partir do final da primeira metade do século XX em diante. Além disso, a natureza passou a fazer parte do debate sobre a questão agrária, com o nome de questão ambiental, principalmente a partir do *Big Smoke* de Londres, entre os dias 5 e 9 de dezembro de 1952[89]. Ocorre que a questão da natureza e da biodiversidade já estava, desde sempre, na pauta dos povos indígenas e camponeses.

A partir da década de 70, do século XX, o capitalismo substituiu a Reforma Agrária da Aliança para o Progresso pela Revolução Verde, que significava realmente a introdução do capitalismo no campo, por meio de equipamentos e implementos agrícolas movidos a combustível fóssil, fertilizantes e defensivos tóxicos e, na continuidade, por sementes, mudas e cultivares proprietários. Com isso, a declaração de que não era mais necessária a Reforma Agrária, já que função social da propriedade, reduzida a produtividade ou rentabilidade, ficaria garantida com o capitalismo do campo e a valorização financeira da terra.

Esta era a principal contradição do capitalismo na América Latina, de um lado indígenas e camponeses tomando consciência das necessidades de bem usar a terra e a natureza com grande risco à propriedade absoluta, conforme se vira na Constituição Mexicana, e de outro as tentativas de bloquear o avanço de transformações revolucionárias com a criação de maior consumo e produtividade no campo. É esta contradição que marcou alterações nos sistemas jurídicos agrários do continente.

---

[89] **Big Smoke** foi um grande nevoeiro que cobriu Londres entre os dias 5 e 9 de dezembro de 1952. Foi uma severa poluição atmosférica que causou mortes e doenças. Acredita-se que enfermou cem mil pessoas e matou 12 mil.

A Reforma Agrária que nasceu do povo: Bolívia

Muitos países da América Latina, como o Chile em sua primeira lei e o Brasil, se preocuparam em escrever Leis de Reforma Agrária seguindo o modelo da Aliança para o Progresso para o incremento do capitalismo no campo, mas outros buscaram caminhos próprios embalados pela vontade popular, como a Bolívia e a segunda lei chilena. Por isso se pode dizer que são exemplares e contraditórias duas propostas de Reforma Agrária que se transformaram em lei, a boliviana de 1952 e o processo de emanação da lei brasileira, conhecida como Estatuto da Terra, de 1964. O primeiro fruto de uma insurreição popular antimilitarista e a segunda aprovada exatamente em momento de constrangimento nacional, quando se instalava mais uma ditadura militar antipopular.

A Revolução Boliviana foi uma insurreição popular que não se conformou com o golpe militar do general Ballivián que impediu a posse do presidente legitimamente eleito Víctor Paz Estenssoro. A grande vitória política desta revolução foi ter imediatamente introduzido o voto do analfabeto pondo em xeque o regime oligárquico tradicional[90]. As forças populares haviam vencido as eleições sem o voto dos analfabetos, com estes votos seriam imbatíveis como se viria confirmar depois e, por isso mesmo, a Bolívia sofreu no século XX uma sequência de golpes de Estado assim que o Exército Nacional se robusteceu depois de ter sido recriado pelo próprio Paz Estenssoro.

---

[90] HALPERIN DONGHI, Tulio. **Historia contemporánea de América Latina.** 14ª ed. Madrid: Alianza Editorial. 1993. E ZAVALETA MERCADO, René. **50 años de historia.** Cochabamba, Bolivia: Editorial Los amigos del libro, 1992.

A Reforma Agrária boliviana[91], entretanto, foi duradoura. Calcada nos ideais da Constituição Mexicana reproduzida na Constituição da Bolívia de 1938, dispunha que o solo, o subsolo e as águas pertenciam por direito originário à Nação Boliviana. O artigo segundo deixou estabelecido que se reconhecia a propriedade privada desde que cumprisse *"una función útil para la colectividad nacional"*. Usava o termo cunhado em Weimar e desconsiderava a propriedade que descumprisse tal função. Inseriu no próprio conceito de propriedade da terra a sua função social e a sua dimensão, de tal forma que ao não cumpri-la deixava de ser propriedade, assim como tampouco poderiam ser propriedade as grandes extensões de terra.

A história da Bolívia está marcada por golpes de Estado, insurreições e lutas continuadas, é o país de maior concentração indígena na América, além do castelhano fala-se normalmente nas cidades o aimará e o quechua, e muitas outras línguas no interior. A lei de Reforma Agrária boliviana, independentemente das modificações já havidas, das profundas alterações constitucionais promovidas no século XXI, da importância que foi ganhando os direitos culturais e territoriais indígenas e a proteção crescente da natureza, continua sendo um dos mais importantes marcos legais na América do Sul porque corresponde a essa incrível diversidade de ocupação territorial, camponesa e indígena e sua ligação intrínseca com a natureza.

Para cobrir o universo agrário da Bolívia, a lei estabeleceu seis tipos de propriedade rural, com suas especificações, deixando de lado qualquer possibilidade de terras de especulação. Os

---

[91] A Reforma Agrária foi estabelecida pelo Decreto Lei nº 3464, de 2 de agosto de 1953.

seis tipos são: O solar campesino, a pequena propriedade, a média propriedade, a propriedade comunal indígena, a propriedade agrária cooperativa e a empresa agrícola. Isto significa que o conceito de propriedade rural está limitado a esta tipologia, tudo que isso não seja, propriedade não é.

Assim como a Constituição Mexicana, a lei boliviana reconceitua não apenas o exercício da propriedade, mas a legitimidade para ser proprietário. Merece leitura os artigos 30 e 31 do citado Decreto Lei nº 3464, de 2 de agosto de 1953:

> *Art. 30 - Queda extinguido el latifundio. No se permitirá la existencia de la gran propiedad agraria corporativa ni de otras formas de concentración de tierras, en manos de personas particulares y de entidades que, por su estructura jurídica, impidan su distribución equitativa entre la población rural.*
> *Art. 31 - El capital industrial aplicado en las áreas rurales, como los molinos, ingenios azucareros, frigoríficos y otras formas de producción elaborada, es beneficioso, cuando, sin apropiarse de grandes extensiones de tierras, coexistan con las propiedades medianas y pequeñas y les compra sus productos a precios justos. El gran capital que se adjudica considerables extensiones de tierras es perjudicial, porque además de retener la fuente de riqueza, monopoliza el mercado, anulando al agricultor independiente, por medio de una competencia desigual.*

A forma singela como a lei trata o que é benefício e o que é prejudicial revela a ideia do conceito de propriedade privada sempre como exceção, isto é, embora o sistema seja de reconhecimento da propriedade privada, ela só pode existir quando benéfica ao povo. Aliás, muito se parece com o conceito desenvolvido por Rousseau no contrato social:

> Seja qual for a maneira por que se fizer a aquisição, o direito que cada particular tem sobre sua propriedade está sempre subordinado ao direito que a comunidade tem sobre todos. Sem isso não haveria solidez no vínculo social, nem força real no exercício da soberania[92].

Para completar o sistema, a lei determinou a criação de um novo procedimento de registro agrário e uma jurisdição agrária própria. Portanto, dentro do marco teórico do capitalismo e do constitucionalismo proprietário, a Lei boliviana inovou ou admitiu a antiga teoria de Locke e Rousseau de que a propriedade privada é admissível dentro de parâmetros que não permitam uma acumulação desagregadora da sociedade e promotora de miséria humana. Ao remontar às origens, a lei fere o capitalismo, mas como deve ser interpretada pelos aplicadores, a luta dos bolivianos por sua aplicação tem sido renhida e o povo tem sofrido tantos reveses quanto vitórias, tornando-se exemplo de persistência de luta e de dignidade.

A bandeira da Reforma Agrária tanto na Bolívia como no México, unida à revolução, se mantém presente nos movimentos populares. A luta pela Reforma Agrária passa a ser uma constante na América Latina praticamente em todos os países. Nem poderia ser diferente numa região marcada pela economia agrária e com fortes distorções fundiárias seja pelas diversas formas do campesinato, seja pela grande presença de povos indígenas e tradicionais em confronto com a sociedade capitalista dependente hegemônica. No campo jurídico essa luta se traduz na necessi-

---

[92] ROUSSEAU, J.J. **O contrato social:** princípios de direito público. São Paulo: Brasil Editora, 1960. p. 33.

dade de reformulação do conceito de propriedade da terra que, como direito, deveria abandonar o excludente protecionismo civilista e passar para a Constituição, cuja missão social é organizar o Estado e proteger o cidadão. As lutas populares pediam, assim, que fosse humanizada a propriedade da terra, isto é, que a terra voltasse a ser sinônimo de vida e não de exclusão. No complicado final de século XX, esta ideia ficou mais ampla e passou a abranger, também, a proteção da natureza, que foi chamada por muitas leis de Meio Ambiente. O meio ambiente e a necessidade humana teriam que ser o toque de Midas da Reforma Agrária, onde o ouro seria a vida. Vida no mais amplo espectro, animal, vegetal, mineral: vida do Planeta Terra. Esta nova visão do Direito podemos chamar de Socioambiental.

A partir da Revolução de 1952 e por todo o século XX a Bolívia viveu instabilidades políticas tendo se sobrepostos golpes de Estado a eleições democráticas. A questão agrária sempre esteve presente nestas disputas e à Lei de Terras e Reforma Agrária foi acrescido o ingrediente natureza. O Decreto Supremo nº 11686, de 13 de agosto de 1974, declara no artigo segundo que as florestas e as terras florestadas constituem patrimônio do Estado e são bens de utilidade pública, independente do regime jurídico da propriedade.

Este longo processo, que se iniciou muito antes da Revolução de 1952[93], teve um novo momento histórico no ano 2000 com a chamada Guerra da Água, de Cochabamba. As dificuldades de abastecimento de água na região, agravadas pelo descaso oficial, acabou gerando soluções criativas das comunidades e da população em geral, até que o governo decidiu, por insistência

---

[93] GOTKOWITZ, Laura. **La revolución antes de la revolución:** luchas indígenas por tierra em Bolivia, 1880-1952. La Paz: Plural, 2011. p.404.

dos órgãos internacionais, Banco Mundial e FMI, privatizar a água. A população do campo e da cidade se rebelou de tal forma e com tanta intensidade que o governo voltou atrás revogando a lei e reafirmando o caráter público dos bens da natureza.

A partir desde momento e mais uma vez pela força popular, a Bolívia começou novo processo de transformação até que praticamente uma década depois, em 2009, em grande ato político foi proclamada uma nova Constituição, elaborada em harmonia democrática e referendada pelo povo que define o Estado como *"Unitario Social de Derecho Plurinacional Comunitario, libre, independiente, soberano, democrático, intercultural, descentralizado y con autonomías."* A nova Constituição aprofundou muito a Reforma Agrária de 1953, indo na mesma linha de atribuir direitos aos povos, aos camponeses e sacramentando que o trabalho é a fonte fundamental para a aquisição e conservação da propriedade agrária (art. 397, I).

A nova Constituição garantiu direito à titulação coletiva das terras aos "povos indígenas originários camponeses" (art. 30, II, 6). Definiu, ainda, os recursos naturais existentes no território boliviano como de propriedade do povo boliviano sob administração do Estado (art. 231) e proibiu a propriedade privada às pessoas jurídicas que não sejam nacionais e não tenham a sua exploração como finalidade societária (art. 315).

O artigo 393 reconhece direito de propriedade individual e comunitária ou coletiva da terra desde que cumpra uma função social ou uma função social econômica. A norma constitucional faz uma diferença entre função social e função econômica social. Por função social entende o uso da terra pelas comunidades segundos suas formas e tradições, dentre estas comunidades especifica a pequena propriedade camponesa de subsistência. Já a função econômica social é aquela empregada a atividades produtivas conforme suas maiores possibilidades em benefício da sociedade, do interesse coletivo e dos proprietários.

Classifica a propriedade agrária individual em pequena, média e empresarial, estabelecendo proibição de propriedade maior que cinco mil hectares, podendo ser menor, segundo dispuser a Lei. Constitui indivisibilidade e impenhorabilidade à pequena propriedade que é considerada patrimônio familiar. Ao lado da propriedade agrária individual estabelece uma propriedade comunitária ou coletiva que compreende os territórios dos povos e comunidades indígenas e camponeses, das comunidades interculturais originárias e das comunidades camponesas não originárias, nelas incluindo as afrodescendentes. Esta propriedade coletiva é entendida como indivisível, imprescritível, impenhorável, inalienável e irreversível (art. 394).

As terras públicas somente poderão ser entregues às populações originárias, comunidades interculturais, *afrobolivianos* ou comunidades camponesas que não possuam terras ou que a possuam em quantidade insuficiente para sua subsistência. Estas dotações de terras passam a ser indisponíveis.

Em relação às terras destinadas à produção econômica, além dos limites de tamanho, a Constituição proíbe aos estrangeiros a aquisição de terras a qualquer título e proíbe a renda fundiária, de tal forma que todas as terras devem ser exploradas por seus proprietários. Isto implica na proibição do uso da terra por meio de parcerias e arrendamento.

A Constituição determina ainda que o Serviço Boliviano de Reforma Agrária promova e complete a Reforma Agrária, de tal forma que as terras que não cumpram a função econômica social sejam devolvidas ao Estado para novas dotações e aquelas que, ainda que cumpram a função econômica social, sejam necessárias a outras destinações públicas ou sociais, sejam desapropriadas.

Desta forma, Bolívia possui estruturado na Constituição um modelo muito avançado no sentido da terra servir para prover as necessidades do povo que a habita segundo tradições, costumes e cultura, mantendo a possibilidade de produção econômica de riquezas suficientes. Estas formas de explorar a terra deve ser, em tudo, harmônica com a manutenção proteção e conservação da natureza, por isso os princípios estabelecidos na Constituição estabelecem a vida e a vida comunitária como prioridade absoluta.

Em outubro de 2012 foi sancionada a Lei nº 300 chamada *"Ley Marco de la Madre Tierra y Desarrollo Integral para Vivir Bien"* que completa a discussão sobre o uso e aproveitamento da terra e da natureza e se coordena com a Lei nº 071, chamada Lei dos Direitos da *Madre Tierra*. A Lei propõe uma igualdade entre quatro direitos, de tal forma que o exercício de nenhum deles pode comprometer a garantia dos outros. Os quatro direitos são: 1) direitos da natureza entendidos como direitos da Mãe Terra como sujeito coletivo de interesse público; 2) Direitos coletivos e individuais das nações e povos indígenas originários campesinos, comunidades interculturais e *afrobolivianas*; 3) Direitos fundamentais, civis, políticos, sociais, econômicos e culturais do povo boliviano para *Vivir Bien* através de seu desenvolvimento integral; 4) Direito da população urbana e rural a viver em uma sociedade justa, equitativa e solidaria, sem pobreza material, social e espiritual; assim como sua articulação com as obrigações do Estado Plurinacional da Bolívia e os deveres da sociedade e das pessoas.

As duas Leis estabelecem ainda mais limites ao uso privado da terra, de tal forma que sua adequação produtiva com os interesses da sociedade passa a ser ainda maior. A produção, ou a função econômica social da terra como diz a Constituição, deve ser feita sempre com objetivo de renovação dos recursos utilizados, de forma sustentável para que seja garantia a vida, a diversidade de vida, a água, o ar limpo, o equilíbrio, a restauração e o viver livre de contaminação.

Desta forma a Bolívia do ponto de vista de alterações do sistema jurídico criou uma normatividade capaz de romper com a sacralidade da propriedade da terra. Entretanto, está claro que não bastam leis, a prática social é muito mais complexa e nem sempre os alcances imaginados no texto legal chegam a transformações sociais efetivas nos tempos desejados pelo povo e, quem sabe, pelos constituintes.

Chile, uma reforma agrária profunda

Um dos primeiros países da América latina a aderir à Aliança para o Progresso, o Chile, pelo Presidente Jorge Alessandri, em 1962 promulgou a Lei nº 15.020, que ganhou o nome de primeira Lei de Reforma Agrária, muito alinhada com a Aliança. De clara tendência produtivista e capitalista a reforma teve pouco impacto além de iniciar a organização de instituições fiscais sobre a terra. Apesar do nome Reforma Agrária, a proposta era apenas tentar modernizar a produção agrícola com financiamento oriundo dos recursos da Aliança para o Progresso.

Tendo em vista o fracasso da primeira reforma agrária, o Presidente Eduardo Frei, eleito pela Democracia Cristã em 1965, promulgou no ano seguinte a Lei nº 16.640, que possibilitava a desapropriação de terras com mais 80 hectares de terras irrigadas; de terras de propriedade de pessoas jurídicas, com exceção de cooperativas; de terras que se encontrassem abandonadas ou subexploradas; as terras que estivem sendo usadas em arrendamento ou parceria irregulares; as terras que estivem em áreas em que o Estado estivesse realizando obras de irrigação ou de melhoramentos gerais.[94] Esta importante lei chilena, porém, não define função social e utiliza uma única vez a locação para dizer, no artigo 2º, que *"Con el objeto de que la propiedad agraria cumpla su función social, declárase de utilidad pública y autorízase la expropiación total o parcial"*. Portanto, considera-se, em *contrario senso*, que não cumpre a função social a terra que exceda a 80 hectares de irrigação, não sejam de proprietários particulares, estejam sob arrendamento ou estejam abandonadas.

Em 1970, Salvador Allende foi eleito Presidente da República e aprofundou o processo de Reforma Agrária com a mesma lei que havia sido promulgada por Eduardo Frei alguns anos antes. Allende manteve o Ministro encarregado da Reforma Agrária, Jacques Chonchol.

As terras desapropriadas eram distribuídas aos camponeses para a produção de alimentos em unidades familiares, na ideia de formar uma agricultura familiar, portanto, a dimensão da área deveria ser suficiente para ocupar o camponês e sua família, assegurando-lhes uma renda adequada. Outra forma de distribuição de terras era para a formação de forma de cooperativas de produção constituída pelo conjunto dos trabalhadores que morassem na fazenda. Numa terra desapropriada poderia ser utilizado as duas opções.

---

[94] INSTITUTO HUMANITAS UNISINOS. **Comemorando 50 años de la reforma agrária en Chile**. 17 de março de 1917. Disponível em: http://www.ihu.unisinos.br/161-noticias/noticias-espanol/565779-conmemorando-50-anos-de-la-reforma-agraria-en-chile. Acesso em: 28 set. 2019.

Jacques Chonchol, analisando estes anos de Reforma Agrária, aponta diversos entraves e dificuldades para sua implementação, apesar dos esforços do governo popular, mas aponta que, apesar das tremendas disputas e antagonismo dos ruralistas foi possível mudar a lógica latifundiária do Chile[95]. Deve-se levar em conta que o governo de Allende teve uma duração de pouco mais de dois anos. Até o golpe de Estado de 11 de setembro de 1973, haviam sido desapropriadas cerca 4.400 terras agrícolas ou 6,4 milhões de hectares, acabando com a velha ordem latifundiária. Duas décadas depois do golpe de Estado, o modelo neoliberal invadiu o mundo rural, produzindo a transferência de terras para novos capitalistas que transformaram a produção agrícola fazendo com que os camponeses perdessem suas terras e, na melhor das hipóteses, permanecem nelas como proletariado rural.

Colômbia: uma Constituição para o século XXI

No final da década de 80 e inícios de 90 do século XX muitos países latino-americanos reformularam suas Constituições Políticas, tentando um reencontro do Estado com o povo[96]. Estas novas constituições, em geral democráticas, tiveram uma participação popular

---

[95] CHONCHOL, Jacques. The peasants and the Bureaucracy in Chile Agrarian Reform. In.: NASH, June; DANDLER, Jorge; HOPKINS, Nicolas S. Popular Participation in Social Change: Cooperatives, Collectives, and Nacionalized Insdustry. Paris: Mouton Publishers The Hague, 1976.
[96] A safra das Constituições é rica: Panamá (refundido), 1983; Guatemala, 1985; Nicarágua, 1987; Brasil, 1988; Colômbia, 1991; México (reforma), 1992; Paraguai, 1992; Bolívia (reforma), 1994; Peru, 1993; Equador 1998. Depois as constituições do século XXI: a nova constituição do Equador em 2008, a nova constituição da Bolívia, 2009 e finalmente a nova constituição de Cuba, em 2019.

não conhecida na elaboração das anteriores no continente. De fato, os textos constitucionais foram amplamente discutidos pela sociedade civil, ainda que nem sempre os constituintes os tenham escrito conforme a vontade de cada setor. As vezes a interpretação do pensamento popular ficou aquém da discussão. Em alguns países a escolha dos deputados constituintes não foi diferente do que até então se conhecia para legislaturas ordinárias, como no Brasil, cuja decisão constituinte teve a participação de senadores nomeados pelo antigo regime militar. É verdade que a proporção não parecia grande, uma terça parte do Senado, que representa apenas uma parcela do Congresso, mas com peso real e simbólico nas votações. Outros países refizeram o Congresso, incluindo representações distantes das Assembleias, como a Colômbia que introduziu representantes indígenas no processo constituinte. Mais de 2% da população colombiana, que é de 30 milhões de habitantes, é indígena.

A questão indígena acabou sendo central nessas novas constituições, ao lado do meio ambiente ou natureza. Tanto a questão indígena, como a do meio ambiente remetem necessariamente à terra, como já havia acontecido no México e na Bolívia. Mas, no final do século XX, a visão ficou mais ampla e clara, não tem o sentido produtivista, privilegia a vida em sua diversidade, multiplicidade, pluralidade. Neste sentido tem vital importância a questão indígena, por que a maior parte dos países latino-americanos tem uma realidade multicultural e pluriétnica. A Lógica do Estado moderno é unicista, a retomada ou o reconhecimento do pluralismo pelas novas Constituições abre as portas para a sociodiversidade, a biodiversidade e, em consequência, à jusdiversidade.

O que fica claro nestas constituições é que o direito individual já não basta para resolver e garantir os direitos relativos aos povos e à natureza, porque individuais não são. Tanto os direitos indígenas quanto os relativos à natureza somente têm sentido se reconhecidos como coletivos, aqueles de um povo que se identifica como tal, este de todos os povos juntos. Se os novos direitos são coletivos, a propriedade privada absoluta do século XIX já não serve e, portanto, não pode ser apenas superficialmente modificada, mas carece de uma alteração profunda, especialmente em relação à propriedade da terra e sua função na sociedade. A Constituição Colombiana foi muita profunda e clara ao reconhecer estes diretos. Não apenas garantiu a integridade dos territórios indígenas e sua autogestão, como abriu duas vagas no Senado para serem preenchidas pelas estas comunidades. Garantiu as terras ocupadas pelas comunidades negras, considerando-as de domínio coletivo e, acima de tudo, reconheceu a biodiversidade e a integridade da natureza.

Fundado nos dispositivos constitucionais de proteção da natureza, em 2016, a Corte Constitucional Colombiana reconheceu o Rio Atrato como sujeito de direitos, chamando de sujeito biocultural e reconheceu a íntima relação dos povos tradicionais que habitam suas margens com o rio. O Rio Atrato é um dos principais da Colômbia, com seus 750 quilômetros é o mais caudaloso do país, nasce na Cordilheira dos Andes a 3.900 metros e deságua no mar do Caribe. O rio estava contaminado por mercúrio pela extração de ouro e outros minerais pesados e a decisão foi no sentido de obrigar o Estado colombiano a restaurá-lo e preservá-lo[97].

---

[97] COLOMBIA, Corte Constitucional. **Sentença da Corte Constitucional no caso Atrato n. 622-16. 2016**. Disponível em: <http://www.corteconstitucional.gov.co/relatoria/2016/t-622-16.htm> Acesso em: 30 de nov. 2019.

Com estas importantes inovações, a Constituição Colombiana de 1991, não poderia dar tratamento diferente à propriedade da terra e da reforma agrária tratadas no artigo 58, que permite uma série de outras interpretações e possibilidades sendo necessário sua leitura integral:

> Art. 58. – *Se garantizan la propiedad privada y los demás derechos adquiridos con arreglo a las leyes civiles, los cuales no pueden ser desconocidos ni vulnerados por leyes posteriores. Cuando de la aplicación de una ley expedida por motivo de utilidad pública o interés social, resultaren en conflicto los derechos de los particulares con la necesidad por ella reconocida, el interés privado deberá ceder al interés público o social.*
> *La propiedad es una función social que implica obligaciones. Como tal, le es inherente una función ecológica.*
> *El Estado protegerá y promoverá las formas asociativas y solidarias de propiedad.*
> *Por motivos de utilidad pública o de interés social definidos por el legislador, podrá haber expropiación mediante sentencia judicial y indemnización previa. Esta se fijará consultando los intereses de la comunidad y del afectado. En los casos que determine el legislador, dicha expropiación podrá adelantarse por vía administrativa, sujeta a posterior acción contenciosa administrativa, incluso respecto al precio.*
> *Con todo, el legislador, por razones de equidad, podrá determinar los casos en que no haya lugar al pago de indemnización, mediante el voto favorable de la mayoría absoluta de los miembros de una y otra cámara. Las razones de equidad, así como los motivos de utilidad pública o de interés social, invocados por el legislador, no serán controvertibles judicialmente*[98].

---

[98] Constitución Política de Colombia, de 1991. Editorial Themis, Santa Fe de Bogotá, 1995.

A leitura deste artigo constitucional esclarece a submissão da propriedade privada ao interesse público ou social. Isto significa que não estão no mesmo nível de proteção a propriedade privada e os direitos coletivos, públicos ou sociais. Estes se sobrepõem àquela. A consequência disso é evidente, não está garantida pelo Direito a propriedade privada da terra exercida contra o Direito social ou ambiental, chamado de ecológico, ou função ecológica. A Constituição Colombiana diz que a propriedade **é** uma função social, e não **tem** ou **se deve exercer como**, a função social, assim, faz parte do ser, da essência, da existência da propriedade. Fica aqui constitucionalmente fundamentada a afirmação do Professor Guillermo Benevides de que a propriedade privada que não cumpra uma função social, propriedade não é. Dentro do conceito de função social, por outro lado, a norma constitucional estabelece, como inerente, a função ecológica. Se pode afirmar, então, que a terra que não cumpre a função socioambiental, na Colômbia, não é propriedade e, portanto, não é passível de proteção, nem de desapropriação, nem de indenização. Tanto a indenização como a expropriação que por razões de equidade podem e devem ocorrer, o serão à propriedade que cumpra sua função social e ecológica, as que não cumprem não estão protegidas como direito de propriedade.

Esta moderna, progressista e multicultural constituição latino-americana, porém, tem vivido em um país oprimido pela guerra e pela intervenção estrangeira. O Plano Colômbia, em nome da repressão à guerrilha e ao narcotráfico, tem feito, na prática, letra morta os princípios e regras de uma constituição voltada para os direitos dos povos.

Um acordo de paz assinado em Havana, em 2016, pôs fim à guerra com as FARC (*Fuerzas Armadas Revolucionarias de Colombia*), que já duravam quase meio século. A guerra havia iniciado por disputa de territórios e o acordo de paz traz em primeiro ponto o título "*Un nuevo campo colombiano, reforma rural integral*", indicando claramente que o processo de paz deveria ser o reconhecimento de direito dos camponeses, povos tradicionais e natureza, isto porque estava reconhecido que as principais vítimas do conflito haviam sido exatamente a população rural e a natureza. Em outras palavras, tratava-se de pôr em prática a Constituição de 1991[99]. As profundas contradições e disputas na Colômbia a partir de 2018 puseram em xeque a aplicação dos acordos de paz e mais uma vez as vítimas são colocadas em perigo, mas a Constituição continua intocada e o Tribunal Constitucional insiste em aplicá-la.

A Constituição Bolivariana da Venezuela e sua Lei

Em 1999, inserida em um longo processo democrático com ampla participação popular e culminado por um referendo, a República de Venezuela, que passou a se chamar República Bolivariana de Venezuela, promulgou uma nova constituição em 30 de dezembro, invocando o Libertador Simón Bolívar e os "antepassados aborígenes", para estabelecer o que chamou de sociedade democrática, participativa e protagonista, multiétnica e pluricultural.

---

[99] HERNÁNDEZ, Aníbal Alejandro Rojas; MARÉS DE SOUZA FILHO, Carlos Frederico. Ensanchando caminos: hacia un socioambientalismo sentipensante en Colombia. In: **Revista da Faculdade de Direito UFPR**. Curitiba, PR, Brasil, v. 62,n. 2, p. 263 – 284, maio/ago. 2017. ISSN 22367284. Disponível em: <http://revistas.ufpr.br/direito/article/view/50803>.

Com uma perspectiva anticolonial regulamenta o direito à propriedade da terra, estabelecendo direitos originários aos povos indígenas sobre as terras, que ancestral e tradicionalmente ocupam, e a não privatização das terras não transferidas ao domínio privado, chamadas de *baldios,* cuja melhor tradução para o português é "terras devolutas". Portanto, a partir da Constituição as terras devolutas, públicas, não poderiam ser entregues ao domínio privado, podendo ser usadas para atividades produtivas em forma coletivas de uso.

A Constituição Venezuelana de 1999 estabeleceu, no artigo 307, que o latifúndio é contrário ao interesse social e determinou a edição de uma lei que grave tributariamente estas terras e estabeleça medidas que as transformem em unidades produtivas quando de vocação agrícola. Embora claramente anti-latifundiária e garantidora de uma política que promova a produção camponesa e agroalimentar[100], a Constituição deixa a regulamentação para a Lei que foi promulgada em 2001, pela *Ley de Tierras y Desarrollo Agrario* e modificada e aprimorada, em 2010, pela *Ley de Reforma parcial de la Ley de Tierras y Desarrollo Agrario.*

A Lei de 2001 tinha claros objetivos de combater o latifúndio improdutivo, considerado como áreas de mais de cinco mil

---

[100] O Texto da Constituição Venezuelana de 1999: Artículo 307. El régimen latifundista es contrario al interés social. La ley dispondrá lo conducente en materia tributaria para gravar las tierras ociosas y establecerá las medidas necesarias para su transformación en unidades económicas productivas, rescatando igualmente las tierras de vocación agrícola. Los campesinos o campesinas y demás productores o productoras agropecuarios tienen derecho a la propiedad de la tierra, en los casos y formas especificados por la ley respectiva. El Estado protegerá y promoverá las formas asociativas y particulares de propiedad para garantizar la producción agrícola. El Estado velará por la ordenación sustentable de las tierras de vocación agrícola para asegurar su potencial agroalimentario.

hectares, e promover a segurança alimentar da Nação[101]. Portanto, tinha como sentido não apenas fazer produzir, mas fazer produzir alimentos, para isso fez algumas divisões nas classes de terras, desde as aptas à produção agroalimentar até aquelas destinadas a manutenção das florestas e seus habitantes. A proposta daquela lei era promover uma reforma agrária por desapropriação ou por imposição de impostos que poderiam ser muito altos para os latifúndios improdutivos, tal como a proposta original do Estatuto da Terra no Brasil, Lei 4.504/64, com a diferença que a lei venezuelana partia de um pressuposto produtivista alimentar, enquanto a brasileira focava apenas na rentabilidade da terra.

Em 2010, foi promulgada uma nova lei que praticamente reescreveu a anterior. Do ponto de vista do direito de propriedade, a lei pretendeu eliminar o latifúndio e a terceirização do uso da terra. A Lei avançou no sentido de combinar a biodiversidade com segurança agroalimentar, afirmando que esta simbiose de proteção ambiental e agroalimentar deve ser perpetrada para as presentes e futuras gerações.

A Lei entendeu a terceirização como o uso produtivo da terra por pessoa diferente do proprietário seja por meio de comodatos, arrendamentos, parcerias, constituição de sociedades, cessão de usufruto, etc. e a considera contrária aos interesses sociais e de uso não conforme. Este conceito de 'uso não conforme' está diretamente ligado ao cumprimento da função social da propriedade que inclui a segurança alimentar. Isto significa que integra o conceito de função social o tipo de produto resultante do uso da terra. Assim, seria de uso não conforme os latifúndios, as terras usa-

---

[101] JAIMES, Edgar et alii. La propiedad de la tierra y la seguridad agroalimentaria en Venezuela. In: **Revista INTERCIENCIA**. INCI, v.2 n.12 Caracas.dic.2002.

das por terceirização e aquelas cuja produção não está adequada ao Plano Nacional de Produção Agroalimentar. Não basta a terra ser produtiva, ter rendimento e conter-se nos limites máximos da propriedade privada, tem que produzir diretamente pela exploração do detentor do direito e, ademais, plantar de acordo com o Plano de Produção Agroalimentar. A intervenção do Estado se dá, no conceito de função social, no tamanho da propriedade, na forma de produção e produto a ser plantado ou criado.

As contradições políticas da sociedade venezuelana e os grandes interesses econômicos em suas fontes de energia fóssil tem dificultado a aplicação das leis porque o planejamento para o bom uso da terra e a o respeito a sua função social depende de políticas públicas estabelecidas e executadas pelo Estado. Por isso, o bloqueio econômico internacional promovido pelos Estados Unidos tem dificultado o desenvolvimento da produção adequada na Venezuela.

O Equador e a natureza

A história constitucional do Equador é muito rica a começar pela disputa pela independência ao negar-se a formar parte da *Gran Colômbia* e se submeter às constituições de Bolívar. A primeira constituição equatoriana é também a primeira do continente a se referir expressamente aos indígenas, ainda que de uma forma pouco republicana:

> *Artículo 68.- Este Congreso constituyente nombra a los venerables curas párrocos por tutores y padres naturales de los indígenas, excitando su ministerio de caridad en favor de esta clase inocente, abyecta y miserable.*

Esta primeira constituição equatoriana, aprovada em 1830, teve vigência de apenas cinco anos, tendo sido substituída pela II Constituição da República do Equador, que já não trouxe mais o dispositivo, nem tratou da questão indígena, nem do uso e propriedade da terra.

Em 1998 a Constituição define o Equador como um Estado social de direito, soberano, unitário, independente, democrático, pluricultural e multiétnico. Ficou estabelecido que a propriedade, em qualquer de suas formas e enquanto cumpra sua função social será reconhecida como direito pelo Estado (art. 30). Isto significa que se não cumprir a função social não será reconhecida pelo Estado. Ficaram garantidos, no artigo 84, os direitos indígenas a suas terras e comunidades, garantidas contra o desterro, os direitos aos conhecimentos tradicionais, etc. Dos artigos 86 ao 91, a Constituição trata do meio ambiente e da natureza, criando uma obrigação do Estado à sua proteção e estipulando que em toda decisão estatal que afete o meio ambiente o Estado ouvirá as comunidades que deverão ser previamente informadas (art. 88). Este dispositivo está em concordância com a Convenção 169 da Organização Internacional do Trabalho sobre povos indígenas e tribais, promulgada em 1989 e que garantia aos povos o direito de consulta sempre que seus direitos pudessem ser afetados por uma decisão administrativa ou legislativa dos Estados Nacionais.

Apesar da Constituição de 1998 ser uma das mais avançadas de sua época, em 2008, dez anos depois, portanto, o Equador fez promulgar uma nova e exuberante Constituição que, entre as novidades, trouxe um capítulo intitulado *"derechos de la naturaleza"* em que estabelece que a natureza ou *"Pacha Mama"*, onde se reproduz e realiza a vida, tem direito a que se respeite integralmente sua existência e a preservação e regeneração de seus ciclos vitais. Além disso, no artigo

10, estabelece os direitos das pessoas, comunidades, povos, nacionalidades e coletivos e também que a natureza será sujeito de direitos.

Dentro desta concepção de direitos da natureza seria natural que o direito de propriedade da terra estivesse limitado por eles, mas não há dispositivos claros que condicionem o uso da terra aos direitos da natureza. Há a submissão dos direitos de propriedade da terra à função social, artigo 282, que estabelece que o Estado legislará sobre o uso e acesso à terra que deverá cumprir a função social e ambiental. Portanto, acrescenta à função social a função ambiental, que deve ser entendida como os direitos da natureza. Esta determinação constitucional de prover uma lei para este fim somente ocorreu em 2016, publicada em 14 de março, chamada de Lei Orgânica de Terras Rurais e Territórios Ancestrais.

A lei regulamenta a função social e ambiental da terra tendo em vista a segurança alimentar, a proibição do latifúndio e concentração de terras nas formas estabelecidas na Constituição como terras pública, privada, comunitária, estatal, associativa, cooperativa, mista, sempre cumprindo a função social e ambiental. A função social implica, segundo a lei, que os direitos de proprietário ou possuidor não afete outros direitos individuais ou coletivos que incidam sobre o mesmo espaço (art. 11).

A lei equatoriana estabelece funções sociais diferentes para diferentes tipos de propriedade. A propriedade com aptidão produtiva deve cumprir um longo rol de funções com sete incisos em que cada comporta mais de uma exigência, como, entre outros, que a produção seja contínua, sustentável e mantenha períodos de descanso, que gere trabalho e emprego, que não seja, por sua extensão, um latifúndio, que sejam respeitados os direitos trabalhistas, que não se empregue tecnologias e métodos que possam afetar a saúde dos trabalhadores e da população.

Na lei, a função ambiental, art. 12, é tratada em separado, isto é, os critérios acima se referem apenas às questões sociais, a função ambiental está alinhada em outros cinco incisos, como: que sejam empregadas técnicas sustentáveis e de manutenção da agrobiodiversidade, que se manejem os recursos naturais de tal forma que evitem a erosão, salinidade do solo, compactação etc. Em resumo, a função ambiental da propriedade deve ser entendida como um uso racional do solo para manter sua fertilidade conservando a agrobiodiversidade, as bacias hidrográficas, a aptidão produtiva, a produção alimentar, a disponibilidade de água de qualidade e contribua para a conservação da biodiversidade.

As terras privadas aptas à produção serão, segundo a lei, desapropriadas sempre que não cumpram sua função social ou ambiental. A desapropriação se fará com o pagamento prévio do valor avaliado pelo Município respectivo.

Por fim, a Constituição de 2008 estabelece como propriedade do Estado, de natureza imprescritível e impenhorável os recursos naturais não renováveis, os produtos do subsolo, os depósitos minerais e petrolíferos, as substâncias diferentes do solo, inclusive, as cobertas por águas do mar, assim como a biodiversidade e o patrimônio genético.

Apesar destes dispositivos muito interessantes e avançados, o professor de Direito Agrário da Universidade de Guayaquil, José Santos Ditto, faz uma contundente crítica à lei no que diz respeito à eliminação do latifúndio, isto porque apesar da Constituição negar garantia jurídica aos latifúndios, a lei permite sua existência, desde que produtivos:

> ... *contraviniendo lo expuesto, esta ley en su Art. 110, expone el concepto de latifundio, considerando solamente como tal a "la gran extensión de tierra ineficientemente aprovechada", lo que significa, que el latifundio eficientemente explotado, no es latifundio y está permitido en Ecuador. Además, para el tipo de latifundios deficientemente explotados, su eficiencia productiva, la fijará la Autoridad Agraria Nacional, basándose nuevamente en la concesión de plazos muy generosos para cumplirla (Así se lo demuestra en el literal c) del Art.103 y en el inciso final del mismo artículo de la ley).*[102]

É claro que a vontade política do governo equatoriano pode promover a desapropriação sempre que outras causas que não o latifúndio improdutivo, como, por exemplo, a inadequação com a natureza e seus direitos.

Cuba e a terra socialista

Cuba promulgou, em abril de 2019, uma nova Constituição em que redefine e confirma mudanças profundas em relação à terra, seu uso, destino e função. Cuba tem lugar privilegiado na história da formação da América Latina, foi a última independência do século XIX e seu herói libertador é um dos que mais escreveu sobre isso. Enquanto os outros libertadores foram econômicos nos escritos, José Martí tem uma vasta obra e de caráter claramente anticolonial em que propõe uma independência radical dos lações coloniais que amarram a América Latina.

---

[102] DITTO, José Santos. Análisis de la ley orgánica de tierras rurales y territorios ancestrales ecuatoriana, de 2016. In: **Revista Campo Jurídico**. vol. 4, n.2, pp. 07-13, outubro de 2016.

Historicamente a Revolução Socialista é filha direta das lutas pela independência, com uma distância de apenas 60 anos, contando o fim de cada uma delas (1898-1959). Isso significa que no início da socialista, em 1953, toda a população com mais de 55 anos tinha vivido sob o domínio espanhol. O império espanhol somente aboliu a escravidão em Cuba dois anos antes do Brasil, em 1886, portanto no próprio processo de independência. Também é fato conhecido que a Espanha tentou vender Cuba para os Estados Unidos e só não conseguiu porque o povo cubano impediu. Além disso, Cuba é um país de forte ascendência africana. A história do massacre indígena genocida havido na ilha foi relatada desde o começo do século XVI por Bartolomé de Las Casas e expõe uma tremenda crueldade[103].

Talvez nem todos os indígenas tenham sido mortos fisicamente, mas todas as etnias que viviam na ilha foram extintas. O genocídio foi completado por um perverso etnocídio. Escravizados, os indígenas se ligaram aos negros e participaram das lutas africanas nas Antilhas. É natural que isso tenha acontecido, tanto os indígenas quanto os africanos tiveram suas culturas destruídas e na luta pela liberdade outras culturas tiveram que surgir, os nomes dos lugares são indígenas, a arte africana.

As constituições latino-americanas do século XX têm tido forte marca anticolonial que garante direitos aos povos, aos coletivos, aos grupos diversos que compõem a sociedade assim como mantêm e preservam a natureza de tal forma que esses povos possam continuar existindo e garantindo a sociodiversidade e a biodiversidade. As constituições cubanas têm uma tradição

---

[103] CASAS, Bartolomé de Las. **Obra indigenista.** Madrid: Alianza Editorial, 1895.

anticolonial desde a primeira, em 1869, quando os grupos armados pela independência, chamados *mambises,* aprovaram uma constituição criando a República de Cuba, apesar da guerra ter continuado por mais de 20 anos[104]. Iniciava-se ali a tradição insurrecional camponesa em Cuba.

A questão agrária sempre foi o tema fundamental da Revolução Cubana e a terra coletivizada, como os demais meios de produção. Por isso Cuba passou a sofrer um embargo econômico desde o começo dos anos 60, tornando o comércio exterior quase impossível e impedindo que Cuba e os cubanos acessassem novos produtos da tecnologia, incluindo remédios, alimentos e eletrônicos. No período da Guerra Fria esse embargo era contornável pelo comércio com a URSS que comprava praticamente todo o açúcar produzido e vendia todas as necessidades, inclusive de alimentos processados. Com o fim da URSS, os antissocialistas e os cubanos de Miami acharam que seria o fim de Cuba e seu governo. De fato, a crise era sem precedentes para Cuba revolucionária, aumentando o índice de mortalidade infantil, que era igual à dos países mais desenvolvidos, e o desemprego. Apesar da crise, nem o desemprego nem a mortalidade infantil atingiram níveis tão baixos como os dos vizinhos caribenhos sem crise. Os Estados Unidos facilitaram ainda mais a fuga de pessoas do país[105].

A terra e a produção agrícola eram planificadas e estatal e, para debelar a situação crítica, era necessário e urgente produzir alimentos para todos, sem depender de improváveis e proibidas

---

[104] GUERRA VILABOY, Sergio. **Cuba:** una historia. México: Ocean Sur, 2012
[105] Desde 1966 os Estados Unidos mantêm uma política migratória para cubanos incentivando a fuga da ilha e a entrada ilegal no continente.

importações. Foi, então, lançado um programa que se chamou de soberania alimentar que implicava em mudar a base produtiva do país. Além da mudança profunda na agricultura, foi decidido explorar outras alternativas econômicas, como o turismo e a produção de remédios, já que a medicina em Cuba era uma das mais avançadas do mundo. Para isso, também era necessário abrir a economia com independência e controle. Foi o que foi feito.

Fazia parte do boicote econômico a proibição de venda de produtos químicos, inovações agrícolas, sementes e maquinários, com isso a produção agrícola teve que se concentrar em produção de sementes crioulas, fertilizantes e defensivos orgânicos, usando os velhos tratores soviéticos. A experiência e a necessidade acabaram por criar uma nova forma de produção agrícola em grande escala, a agroecologia. Em pouco mais de dois anos estava debelada a fome a partir de um sistema produtivo agroecológico que, pela inovação e adequação ambiental, passou a ser estudado como alternativa à agricultura industrial tóxica atual. Isto implicou também a transformação de parte da produção agrícola em cooperativas associadas à liberdade de trabalho por conta própria e, necessariamente, uma nova forma de propriedade da terra. Todas estas mudanças tiveram resultado positivo, sem esgarçar a malha fraterna com que a sociedade havia sido construída.

Passado este período crítico de intensa dificuldade e de construção de alternativas, que se chamaram respectivamente de período especial e de batalha de ideias[106], o socialismo cubano se renovou e entrou em nova fase de maior abertura econômica, maior produtividade e melhores condições de vida em geral.

---

[106] GUERRA VILABOY, Sergio. **Cuba:** una historia. México: Ocean Sur, 2012.

Eram necessárias mudanças jurídicas, inclusive para alterar o conteúdo da propriedade. Em 2018, se iniciaram as discussões da nova constituição. O projeto foi submetido de agosto a novembro daquele ano a uma consulta popular em que foram formados assembleias e grupos de discussão. Surgiram quase 10 mil propostas de emendas populares das quais a metade foi aprovada. Os residentes no estrangeiro puderam opinar também.

Em fevereiro de 2019 houve um referendo popular sobre o texto consolidado com a participação de quase 8 milhões de pessoas, das quais 9% votou contra, e pouco mais de 4% votou em branco ou anulou o voto. Em 10 de abril foi promulgada pelo Parlamento a nova Constituição. A data de 10 de abril de 2019 foi escolhida como uma homenagem ao 10 de abril de 1869, quando se aprovou em Guáimaro, Camagüey, a chamada primeira constituição *mambisa*, que deu início à longa luta de independência contra o colonialismo que durou quase 30 anos, até 1898, acima referida.

O artigo 22, da Constituição de 2019, reconheceu como forma de propriedade as seguintes: 1) socialista de todo o povo, na qual o Estado atua em representação do povo; 2) cooperativa, sustentada no trabalho coletivo dos sócios proprietários e no exercício dos princípios do cooperativismo; 3) das organizações políticas, de massas e sociais, na qual a propriedade é exercida para o cumprimento dos fins a que se destina a instituição; 4) privada, que é exercida sobre determinados meios de produção por pessoas naturais ou jurídicas cubanas ou estrangeiras, com um papel complementar à economia; 5) mista, aquelas formadas pela combinação de duas ou mais formas de propriedade; 6) de instituições ou sociedades, para o cumprimento de suas finalidades e com caráter não lucrativo.

Em seguida a Constituição trata da propriedade socialista de todo o povo, que inclui as terras sobre as quais não se exerçam direitos individuais ou cooperativos, o subsolo, as minas, as florestas, as águas, as praias, as vias de comunicação e os recursos naturais vivos ou não. Estes bens não podem se transmitir em propriedade, sendo inalienáveis, imprescritíveis e impenhoráveis.

Estabelece, ainda, a Constituição, que no exercício da propriedade privada sobre a terra fica proibido o arrendamento, a parceria e empréstimos hipotecários a particulares. Está permitida a compra e venda e atos de transferência não onerosos, mas na compra e venda há preferência para a aquisição do Estado pelo preço justo.

A Constituição Cubana de 2019 foi, assim, promulgada para que o Estado e a Sociedade de Cuba pudessem se adequar aos novos desafios que de resto já estavam sendo enfrentados e superados. Aqui há uma diferença grande entre esta Constituição e outras analisadas. Enquanto a maior parte das Constituições projetam mudanças ou garantem direitos que favoreçam ou indiquem mudanças anticoloniais, esta Constituição consolida as mudanças havidas. A Constituição fez adequação a uma realidade que já estava ocorrendo, porque as cooperativas, que produziram a agroecologia e promoveram a superação de falta de alimentos da crise anterior, não tinham suporte legal, nem poder sobre a terra. A Constituição de 2019 consolidou esse poder e, em consequência, a perspectiva da experiência agroecológica já em prática há muitos anos, o que significa que a luta dos camponeses cubanos não será para pôr em prática a Constituição como nos países antecedentes, mas para impedir o seu rompimento.

TERCEIRA PARTE

A difícil luta pelos territórios de vida

Brasil: Um pedaço de chão para viver?

A luta pela Reforma Agrária no Brasil vem de longa data e tem pontos de confronto e avanço e momentos de tristes recuos. Desde o século XVI, com o sistema das sesmarias, passando pela concessão de terras devolutas instituídas em 1850, sempre houve no Brasil uma política de impedimento aos pobres, camponeses, quilombolas e indígenas de viverem em paz na terra. Uma permanente e nem sempre surda luta entre o latifúndio e os camponeses cada vez mais despossuídos esteve latente no Brasil desde 1500, e foi severamente agravada nos últimos 150 anos enquanto ficava mais claro o caráter mercadológico da terra e a possibilidade de acumulação independentemente da produção. Quando o século XX surgiu encontrou a terra em Canudos já manchada de sangue; o mesmo sangue camponês mancharia larga faixa da região do Paraná e Santa Catarina conhecida como Contestado. Os dois movimentos têm claros pontos em comum e são os maiores de um conjunto de muitos outros que representam a reação contra a ofensiva da então nascente república de desocupar terras, esvaziá-las de camponeses e outros povos, para integrá-las no sistema jurídico proprietário em nome da elite política e econômica. Para essa desocupação, foi usada uma força incrível, o banditismo mercenário privado, as polícias dos Estados e o Exército Nacional. No Contestado foram quatro anos de derrotas das forças regulares e depois uma vitória sobre o povo cujos detalhes a História Oficial insiste, envergonhada, em omitir. Não havia em nenhum dos dois movimentos um claro ideário político ou uma proposta de Reforma Agrária, porém ambos sabiam que a terra é de todos e que os frutos da terra devem ser repartidos entre todos, ambos negavam a propriedade individual e privada da terra, ambos foram nitidamente coletivistas. Esta clareza não provinha apenas do fato de estarem juntos lutando contra um inimigo poderoso, mas, ao contrário, era a prática anterior à chegada do inimigo, era a maneira como a população entendia a posse e o trabalho da terra. Tanto os camponeses do Contestado como os de Canudos viviam em fraternidade.

No nordeste como no sul, quem foi chamado de bandido, jagunço, monarquista, fanático e sofreu a violenta repressão do Estado era só um povo que vivia da terra e resistia aos que vinham com títulos de propriedade entregues pelos governos, sem posse, para expulsá-los, destruir a natureza e transformar a terra em mercadoria, esvaziar a terra. De fato, a partir de 1891, com a Constituição Republicana e Federalista, as elites locais passaram a dispor das terras chamadas devolutas e outorgavam títulos segundo leis urdidas em suas Assembleias Legislativas. Os títulos eram emitidos sobre terras ocupadas por camponeses, negros livres, indígenas, mestiços que mantinham uma economia de subsistência satisfatória e conseguiam viver bem, pobres, mas alimentados e unidos pela força da solidariedade e de uma religiosidade própria e emancipada, em geral em confronto com a religião oficial que propunha a submissão e a entrega das terras. De posse dos títulos de propriedade, com milícia privada ou pública, armadas sempre, agressivas e violentas, vinham expulsar os posseiros que estavam quietos trabalhando a terra em comum ou individualmente, mal inseridos no mercado, com relações com os vizinhos e com as cidades próximas.

As guerras camponesas nada mais foram do que a reação a esta violência. Pequenas lutas quando os camponeses eram surpreendidos desorganizados, e longas guerras quando conseguiam união e organização, como Contestado[107] e Canudos. Os camponeses e posseiros não viviam uma vida luxuosa, é verdade, mas era farta e possível. Além disso, a ameaça de arrancá-los da terra onde viviam era uma condenação ao desterro, porque simplesmente não tinham outro lugar para viver. O único caminho que lhes restava era a luta. Portanto, estas guerras não tiveram um inimigo previamente estabelecido, não tinham um ideário político e a única razão da luta era manter a vida e a posse da terra. Foram os governos e o latifúndio, por sua iniciativa e vontade próprias, que os declararam inimigos e os combateram[108].

No Paraná e Santa Catarina cada vez que os camponeses rebeldes do Contestado tomavam uma vila tinham entre seus alvos favoritos o Ofício de Registro de Imóveis porque sabiam que o discurso da legitimidade de seus inimigos estava naqueles documentos de registro de terras. Chegaram a queimar alguns Cartórios, mas não organizaram uma proposta de Reforma Agrária, nem postulavam pedidos nesse sentido ao Estado e ao Direito,

---

[107] Existe vasta bibliografia sobre o Contestado, mas a maior parte baseada em relatos militares. Um dos mais completos é o livro de Maurício Vinhas de Queirós, **Messianismo e conflito social (a guerra sertaneja do contestado: 2012-2016)**.

[108] Sobre a vida dos camponeses do Contestado é interessante a leitura do romance de Frederecindo Marés de Souza, **Eles não acreditavam na morte**. Sobre Canudos, o clássico de Euclides da Cunha, **Os Sertões**. Muito útil a leitura de **Cangaceiros e Fanáticos**, de Rui Facó.

sabiam intuitivamente onde estava o mal, mas, como os indígenas e outros povos, naquela época, não tinham propostas para modificação do Estado, apenas queriam não ser incomodados. As estratégias de promover Reforma Agrária e alteração no sistema produtivo somente começou a surgir a partir da metade do século XX, com uma forte participação dos movimentos indígenas em toda a América Latina. As revoltas do fim do século XIX e começo do XX tiveram pouca participação de setores intelectualizados das cidades, por isso há grande dificuldade de recolher documentos históricos primários sobre essas lutas a partir deles mesmos, resultando um relato parcial da história contada por documentos militares ou relatos dos jornais da época que elogiavam os massacres e a imposição de miséria aos insurgentes camponeses chamados de 'fanáticos'. Aliás, aqueles camponeses não necessitavam de Reforma Agrária, tinham terra, nela trabalhavam, dela cuidavam numa relação filial, produziam, eram felizes. A concessão de suas terras para estranhos foi um desrespeito aos seus mais íntimos direitos: o direito à vida, à cultura, à dignidade. De fato, foi somente em período bem avançado do século XX que o movimento camponês no Brasil ganhou organicidade política, com alianças socialistas e comunistas. É nesta fase mais avançada que a liderança de homens como Francisco Julião, no Nordeste, e Manoel Jacinto, o Marechal do Campo, em São Paulo e Paraná, articula uma proposta de luta concreta pela modificação do sistema jurídico proprietário de terra, visando a modificação da estrutura fundiária sob forte influência socialista. A partir de então, se iniciou uma luta não só pela manutenção daquilo que mais tarde se iria chamar de territórios camponeses, mas pela criação deliberada de propostas alternativas de produção agrícola privilegiando alimentos saudáveis e integração com natureza. Se inicia novas formas de luta incluindo a ocupação de terras privadas por trabalhadores rurais sem terra, para recuperar e criar territórios.

Pouco divulgadas, omitidas pela imprensa urbana, as lutas camponesas brasileiras, que ocorreram em todo país, sempre foram marcadas por extrema violência e por dura criminalização dos líderes e do movimento em si. Não houve perdão para os rebeldes, o Estado promoveu perseguição e morte aos que, no campo, se insurgiam contra a cruel divisão da terra: Canudos e Contestado são apenas dois exemplos maiores que se somam a muitos outros em todos os Estados brasileiros. Adeodato, considerado o último líder do Contestado, foi preso e levado acorrentado à Florianópolis para servir de exemplo. Foi condenado a 30 anos de prisão, mas sete anos depois, em 1923, foi morto numa emboscada anunciada como tentativa de fuga. Os relatos das prisões de Manoel Jacinto envergonham a humanidade, pela sordidez do tratamento e pela irresponsabilidade judiciária. Canudos terminou com um massacre em que não se poupou a vida nem mesmo dos que faziam da oração sua resistência. Gregório Bezerra foi arrastado pelas ruas de Recife quando os militares tomaram o poder em 1964.

As agressões relatadas no Tribunal Internacional dos Crimes do Latifúndio e da Política Governamental de Violações dos Direitos Humanos no Paraná, ocorrido em 2001[109], em Curitiba, provam que a violência e criminalização continuaram apesar do tempo e da chamada Constituição cidadã brasileira, entrando

---

[109] Os anais deste Tribunal estão publicado e podem ser encontrados em https://books.google.com.br/books/about/Anais_do_Tribunal_Internacional_dos_Crim.html?id=L091rgEACAAJ&redir_esc=y

no século XXI com a mesma violência, com outras armas e argumentos, na maior parte das vezes utilizando o poder judicial. Aquele Tribunal analisou e condenou as violências praticadas pelo Governo Jaime Lerner contra o MST, especialmente pela morte do o agricultor Antônio Tavares, morto a tiros pela Polícia Militar em uma manifestação pacífica.

Com o passar do tempo, e mesmo frente a cada derrota, cresceu a consciência da população do campo e sua ligação com a cidade e os movimentos ficaram cada mais politizados no sentido de atuar politicamente cobrando a aplicação de políticas públicas e em consequência direta, ainda mais criminalizados pelo poder. Os líderes camponeses ganharam cultura política e ideológica, discutindo questões internacionais e conjuntura econômica, passaram a ter posições claras frente aos fenômenos sociais. Manoel Jacinto é um desses líderes camponeses que conhecia o marxismo e discutia filosofia e conjuntura internacional, integrando sua luta a luta geral pela transformação da sociedade. O MST, depois dele, tem quadros de liderança com sólida formação acadêmica e outros de profundo e extenso autodidatismo, conformando um conjunto capaz de formular política e entender o sentido da confrontação de ideias e de atos. A proposta de Reforma Agrária passou a ser proposta de mudança e não apenas de manutenção de posse da terra, abandonada a ingenuidade inicial do início do século, quando ainda se imaginava que era possível viver afastado, como povo feliz, fora da influência do capitalismo. Isto, se por um lado deu mais consistência aos movimentos, também fez com que as elites mudassem de tática política: já não bastava a repressão policial e militar, passou a ser necessário propor mudanças nas estruturas jurídicas da propriedade da terra, seguindo o lema do Príncipe Falconeri: "tudo deve mudar para que tudo fique como está".[110] Mas a violência não cessou, ao contrário, ficou mais seletiva e pode ser acompanhada pelos relatórios dos conflitos anualmente publicados pela Comissão Pastoral da Terra[111].

Nos curtos espaços de vida democrática do século XX no Brasil, sempre se manifestaram organizações populares pela Reforma Agrária, de forma muito intensa no conturbado período que medeia as ditaduras de Getúlio Vargas e a militar (1945-64). Este é também um período de grande nacionalismo e a Reforma Agrária apesar de ser bandeira do Partido Comunista (Manoel Jacinto) também estava proposta por militantes históricos da esquerda não comunista, como Francisco Julião e suas ligas camponesas, no Nordeste e Leonel Brizola e seu "grupo dos 11" no Brasil afora.

Por outro lado, a guerra fria naquele momento fazia os Estados Unidos proporem uma espécie de Reforma Agrária para os países do continente que pudesse minorar o problema da fome, de redistribuição de renda e desemprego, reeditando as ideias de Keynes, e também pensando na ampliação de mercados para seus produtos manufaturados, mas sempre combatendo as ideias socialistas que passaram a fazer parte do ideário da Reforma Agrária. A cooperação norte americana levava o nome de Aliança para o Progresso e tinha uma cartilha de reforma aplicada com adaptações em vários países, como a Venezuela, o Chile, o Peru e o Brasil. Portanto, a questão agrária era um debate internacional e que se inseria na luta pela transformação, especialmente na América Latina, como se pode observar na primeira e segunda partes

---

[110] cf. LAMPEDUSA, Giuseppe Tomasi di. **O Leopardo.** tradução e posfácio Maurício Santana Dias. São Paulo: Companhia das Letras, 2017.
[111] Os relatórios estão publicados no site da CPT e podem ser baixados livremente.

deste livro. A forma como se os governos aplicariam a Reforma Agrária diferiam bastante, mas as normas jurídicas nas quais se assentavam podiam ser muito próximas.

Algumas leis têm histórias curiosas no Brasil. O Decreto Lei nº 25, por exemplo, chamado de Lei de Tombamento[112], é fruto quase direto da Semana de Arte Moderna de 1922 e foi aprovado pela Câmara Federal e pelo Senado, mas por não ter completado o processo legislativo viu-se publicada como Decreto-Lei, depois que Getúlio Vargas fechou o Congresso e foi pressionado por Gustavo Capanema para promulgá-lo[113]. O Estatuto da Terra, a lei de Reforma Agrária brasileira, também teve uma história curiosa, semelhante à Lei de Tombamento. Reivindicada, querida e sonhada pelos movimentos populares e de esquerda, bandeira do governo constitucional de João Goulart, não foi aprovada senão sete meses depois do golpe militar que o derrubou e instalou uma ditadura conservadora e que se manteria por vinte anos com um extraordinário aparato repressivo que impediria qualquer movimento popular desabrochar. Foi promulgada em 30 de novembro de 1964 como Lei nº 4.504/64, que dispõe sobre o Estatuto da Terra. Todos sabiam na época que a promulgação era literalmente para americano ver, exigida pelos Estados Unidos, a ditadura militar jamais a pensou pôr em prática e a lei restou letra morta, invocada pela esquerda e desprezada pela direita no poder, apesar de ser uma lei influenciada diretamente pela Aliança para o Progresso e de corte nitidamente capitalista. A aplicação desta lei, como em outros

---

[112] Sobre a Lei, as questões jurídicas que suscita ver SOUZA FILHO, Carlos Frederico Marés de. **Bens culturais e sua proteção jurídica.** 3ª ed. Curitiba: Juruá, 2005.
[113] Gustavo Capanema era o Ministro da Educação e Cultura e mantinha livre trânsito entre os intelectuais paulistas autores e promotores de lei de Tombamento, em especial Oswald de Andrade.

países da América Latina poderia promover Reformas Agrárias em prol dos camponeses, dependente da vontade e determinação política do governo, como no Chile de Frei e Allende.

O Estatuto da Terra estipulou também outro caminho para promover a Reforma Agrária produtivista ou tornar os latifúndios produtivos por meio da criação de um imposto, o Imposto Territorial Rural. Este imposto, estipulava a lei, deveria ser progressivo e ser tão maior quanto menos produtiva fosse a terra, crescendo anualmente, de tal forma que em pouco tempo o proprietário fosse obrigado a produzir ou vender livremente. A regulamentação deste imposto tronou-se complexa e de difícil aplicação.

Apesar da clareza dos dispositivos e da possibilidade que abria para a Reforma Agrária a lei não foi suficiente porque o sistema jurídico continuava mantendo a garantia da propriedade privada acima dos direitos de acesso à terra, mesmo depois de cair a ditadura, em 1984. Continuava a valer a expressão acidamente crítica e irônica de Nilson Marques: "O estoque especulativo de terras no Brasil não é delito. Delito, num direito que envelheceu, é ocupá-la para plantio"[114]. De fato, o Estatuto não alterava o conceito de propriedade privada da terra, apenas estabelecia mecanismos de correção das injustiças sociais agrárias por meio de desapropriação, dependendo, então, do poder político do Estado e da interpretação dos Tribunais, sempre voltadas para a proteção da propriedade absoluta.

Aliás, as leis calcadas no projeto de Reforma Agrária norte-americano da Aliança para o Progresso têm como constante uma definição de função da propriedade e a necessidade de de-

---

[114] MARQUES, Nilson. **Posse X Propriedade:** a luta de classes na questão fundiária. Coleção socializando o Conhecimento, nº 4. Rio de Janeiro: AJUP/FASE, 1988. p. 11.

sapropriação, isto é, de pagamento pela terra a ser expropriada. A manutenção do pagamento ou indenização pela recuperação de terras para fins de Reforma Agrária mantém o velho conceito liberal de propriedade e não o atualiza. Isto fica claro no cotejo das leis boliviana e brasileira, enquanto aquela altera o conceito mesmo de propriedade agrária, desvinculando-o de qualquer ideia civilista e contratual, estabelecendo a sua legitimidade pelo uso, a brasileira mantém íntegra a legitimidade contratual, estabelecendo que, quando não seja útil à sociedade a nociva propriedade seja encerrada por um novo contrato, compulsório, porém, de desapropriação. Isto é, o conceito de função social não está integrado ao conceito de propriedade da terra, mas é estranho a ela, servindo para definir políticas públicas de desapropriação, quando, onde e se o poder político, o Estado, achar conveniente e oportuno.

A desapropriação não é, assim, mais do que um contrato público de compra e venda, no qual a manifestação livre de vontade do vendedor fica restringida pelo interesse público. A desapropriação, longe de ser a negação do conceito liberal de propriedade, é sua reafirmação. A grande novidade do conceito liberal é a livre disposição do bem, mas o bem é sempre integrante de um patrimônio e o que está garantido com a desapropriação é, exatamente, a integridade deste patrimônio. A desapropriação é entendida como a reparação de um dano patrimonial causado ao cidadão e, portanto, é uma reafirmação da plenitude do direito de propriedade. Por isso a desapropriação de bens privados está reconhecida desde as primeiras constituições, no começo do século XIX, como a única exceção à liberdade de transferência ou disposição do bem, não sendo exceção à plenitude do exercício do direito de propriedade. A desapropriação utilizada nos casos de descumprimento da função social, porém, alimenta dois enormes defeitos e injustiças do sistema: primeiro, remunera a mal usada propriedade, isto é, premia o descumprimento da lei, porque considera causador do dano e obrigado a indenizar, não o violador da norma, mas o Poder Público que resolve pôr fim à violação; segundo, deixa a iniciativa de coibir o mau uso ao Poder Público, que não tem obrigação de fazê-lo podendo deixar que o violador da lei simplesmente continue violando sem qualquer restrição ou penalidade.

Aqui residem as grandes diferenças: a Constituição Mexicana afastou a desapropriação e possibilitou o uso coletivo da terra, a Lei Boliviana não reconheceu qualquer direito à terra que não estivesse sendo usada ou que tivesse dimensão exagerada, a Constituição Colombiana reconheceu o direito da sociedade recuperar a terra sem indenização; a Lei Brasileira, ao contrário, concedeu o direito ao Estado de apenas comprar, pagando o preço, a terra cujo exercício do direito de propriedade fosse contrário à lei. Quer dizer, a terra que não estivesse cumprindo a determinação legal, no México e na Bolívia, não geraria ao titular do direito de propriedade qualquer proteção legal, podendo o Poder Público destinar a terra desocupada ou não usada a quem desejasse usá-la ou ainda dar uma destinação pública. No Brasil, o não cumprimento da ordem legal tem como consequência a possibilidade de o Estado pagar por ela e, então, como coisa comprada, pública, estava passível de distribuição a quem fosse efetivamente usá-la. Esta diferença é fruto da interpretação claramente ideológica que os Poderes Brasileiros têm dado ao Estatuto da Terra que permite a desapropriação e o silêncio das Constituições anteriores que deixam a definição por conta da Lei. Esta interpretação tem que ser mudada a partir da Constituição de 1988, apesar da resistência dos intérpretes.

Aliás, o Tribunal de Justiça do Rio Grande do Sul, em decisão inédita, manteve uma negativa de liminar de reintegração de posse porque a fazenda não cumpria sua função social. A decisão revela surpresa ao cunho nitidamente político do fazendeiro, que ameaça o Juízo com violência e conflito caso a liminar seja negada. Uma verdadeira coerção judicial, denuncia. Essas decisões, cujo fato é recorrente, têm sido raras nos Tribunais brasileiros[115].

O Estatuto da Terra previa duas consequências possíveis para o descumprimento da função social, primeiro, a desapropriação com pagamento do preço justo e o segundo com a aplicação de um imposto sobre a Propriedade Rural, chamado ITR, que aumentaria na medida da ausência de uso da terra. Na realidade da aplicação da norma, nem um nem outro saíram do papel, embora várias tabelas de progressão tenham sido feitas para a aplicação do Imposto.

Função social à brasileira

No Brasil, o Estatuto da Terra, de 1964, seguiu a tradição dos sistemas anteriores de permitir um discurso reformista ao governo, mas impedir, de fato, uma quebra da tradição latifundiária da ocupação territorial. É verdade que modernizou os termos, humanizou os contratos, tornou ilegais velhas práticas semifeudais e escravistas, mas na essência manteve intacta a ideologia da supremacia da propriedade privada sobre qualquer benefício social.

---

[115] A revista "Caderno Renap", nº 2 ano II, de fevereiro de 2002 é integralmente dedicado a estas decisões. O caderno pode ser encontrado no endereço: https://aa573888-983c-47cf-8307-67dde9dba3d8.filesusr.com/ugd/d4920d_12231e-98c4dc497aab02b4aca22991ba.pdf

O Estatuto da Terra, ao contrário da lei venezuelana, regulamenta o uso da terra por terceiros, chamando a isso de uso temporário, apesar de deixar claro que os contratos podem se perpetuar no tempo porque estabelece prazos mínimos de vigência, mas não máximos. Há uma franca intervenção do Estado na vontade dos contratantes que não têm liberdade de fixar preços nem prazos nem formas de pagamento inferiores ao da lei. Como se vê, entretanto, estes dispositivos, ainda que integrados na concepção do Estado do Bem-Estar Social, sequer apontam para a possibilidade de reformulação do conceito de propriedade privada, como nos casos venezuelano e boliviano.

Isto quer dizer que a lei brasileira possibilitou o uso da terra por não proprietários, com anuência deles, incentivando a produção agrícola como exploração capitalista, estimulando a existência de proprietário absentista. Para os camponeses e para a quebra da hegemonia latifundiária esta medida é, em si, negativa. Como é possível e estimulado que o proprietário da terra esteja ausente, a relação com a terra é exclusivamente de interesse financeiro, valendo a atividade e a forma de ocupação mais rentável a curto prazo. Isso gera duas consequências negativas: por um lado propicia a formação de grandes fazendas monoculturais e por outro limita ao mínimo a possibilidade dos trabalhadores rurais produzirem para seu próprio sustento, gerando o fenômeno dos trabalhadores avulsos, sem terra, chamados no sul do Brasil de "boia-fria"[116]. No Estado do Paraná, o governo implantou na década de 90 do século XX um projeto chamado "vilas rurais" cujo

---

[116] Boia-fria significa refeição fria. Os trabalhadores são recolhidos de manhã nas cidades e levados para os postos de trabalhos, sendo devolvidos ao final da tarde. Devem levar marmita para se alimentar, resultando comê-la fria, daí o nome.

objetivo era conceder terra insuficiente para trabalhadores rurais de tal forma que eles continuassem obrigados a vender sua força de trabalho aos empreendimentos agrícolas da região de forma temporária ou diária. O lote que recebiam era tão exíguo que não permitia a sobrevivência da família que tinham que manter o trabalho como boia-fria para sobreviver. Este projeto, lançado com grande aparato publicitário pelo governo Jaime Lerner, o mesmo condenado no Tribunal Internacional dos Crimes contra o Latifúndio, em 2001, tentou esconder a violência inusitada contra os movimentos sociais do campo que vieram a seguir. O projeto paranaense funcionou como um incentivo a continuação da exploração da mão-de-obra sazonal e não resolveu o problema rural mais grave que é o acesso dos trabalhadores à terra. A razão continua sendo a mesma da época das sesmarias e da Lei 601/1850: se os camponeses puderem produzir para si mesmos, o preço da força de trabalho no campo subirá, o que pode inviabilizar a propriedade absentista, que tem seu fundamento na extrema exploração da mão-de-obra. A lógica desumana é a mesma que buscou justificativas para o escravagismo.

Seria irônico, não fosse marcado por uma tragédia humana, o fato de que os que produzem os frutos da terra não disponham de alimentos para seus filhos, enquanto os chamados proprietários sequer necessitam saber onde está a terra e como se colhe os frutos para viver uma vida fausta e preguiçosa. É claro que isto conduz também a que o proprietário absentista tenha um desprezo pela natureza que pode atrapalhar o ganho imediato.

O artigo 2º do Estatuto, em seu parágrafo primeiro, estabelece que:

> A propriedade da terra desempenha integralmente a sua função social quando, simultaneamente: a) favorece o bem-estar dos proprietários e dos trabalhadores que nela labutam, assim como de suas famílias; b) mantém níveis satisfatórios de produtividade; c) assegura a conservação dos recursos naturais; d) observa as disposições legais que regulam as justas relações de trabalho entre os que a possuem e a cultivam.

Pode-se observar que, ainda que passível de variadas interpretações, os critérios existem e possibilitam verificar quando e em que circunstâncias há violação do cumprimento da função social. O que realmente faltou deixar claro na lei é a consequência dessa violação. A interpretação oficial, que privilegia a propriedade absentista, é a de que o fato de não cumprir a função social não retira do proprietário nenhum dos direitos estabelecidos no Código Civil, incluindo aquele que possibilita o proprietário reaver a terra, usando a força pública, de quem dela injustamente se apossar. Os Tribunais têm entendido que é injusta a posse mesmo quando o proprietário viola os dispositivos da função social, não a usando, por exemplo, e os ocupantes a fazem cumprir. Esta interpretação não parece ser adequada porque torna letra morta a função social da propriedade. Não pode ser injusta uma posse que faz exatamente o que a lei determina numa terra que a descumprira.

O sistema legal, de um lado incentiva o uso adequado, mas sua interpretação e aplicação, de outro, protege o inadequado, proibindo que os camponeses usem terras e nelas produzam sem a expressa vontade do proprietário ausente. A tradição ideológica latifundiária descrita na análise das sesmarias dos séculos XVI, XVII e XVIII e da lei de terras devolutas do século XIX, se mantém íntegra. De fato, desde as sesmarias só o titular (proprietário) podia usar as terras, não estando permitido a ninguém delas ou nelas viver. Esta é a injustiça central do sistema que se mantém contra os interesses e necessidades do povo, sejam camponeses, indígenas, quilombolas e outros tradicionais. Este é o cerne sempre escondido das lutas camponesas e indígenas.

A função social, nesta interpretação, é mais um privilégio do proprietário que pode não cumprir e violar a lei e apenas será admoestado se o Poder Público, em geral seu aliado, quiser. Mas não perde a propriedade. Ao contrário, se a função social for da terra (objeto do direito) e não da propriedade (o próprio direito) ou do proprietário (titular do direito), terá que cumprir, imperiosamente, a função social, independentemente do título de propriedade, porque este título é uma outorga criada pelos seres humanos em sociedade e não pode prevalecer sobre a função que terra tem a cumprir, não só socialmente, mas também em relação ao restante da natureza. Entretanto, é sempre bom lembrar, que é a sociedade humana que reconhece ou estabelecesse essa função, pela consciência e pela lei, portanto nos parâmetros ungidos na sociedade moderna capitalista, sob fortes interesses econômicos e ideológicos que distorcem os direitos à alimentação, à vida, ao trabalho, à terra, à cultura, à felicidade, submetendo-os ao direito de propriedade individual da riqueza acumulada, chamado de capital.

A Lei de 1964 estabelece como principal consequência do não cumprimento da função social a desapropriação da terra pelo Estado. Mas a interpretação que lhe segue é a de que se trata apenas de uma possibilidade que depende da vontade política do Poder, e não um dever público. Portanto, apesar da novidade do conceito de função social da propriedade introduzido no dificilmente aplicado Estatuto da Terra, a situação não ficou tão diferente dos séculos anteriores: a propriedade continuou absoluta e nenhuma função se lhe obriga, apenas sugere.

A aplicação do Imposto Territorial Rural, embora de franco incentivo à produção e punição aos proprietários especuladores, não estava atrelado diretamente à função social estabelecida no artigo 5º da Lei, portanto a progressividade que deveria existir não pode ser considerado uma consequência do descumprimento da função social, mas apenas da improdutividade da terra, o que revela a verdadeira intenção da lei: integrar o latifúndio ao capitalismo, fazendo com que a reserva de valor, que continua sendo a terra, produza e consuma produtos da indústria como maquinários, insumos químicos, adubos e defensivos e, mais recentemente, sementes e mudas proprietárias.

A desapropriação, por outro lado, é a velha medida do liberalismo: mantém a integridade do patrimônio individual, substituindo compulsoriamente o bem ou "ativo", como chamam os financistas. É verdade que no começo do século dezenove a desapropriação era concebida somente para o uso público e esta nova forma é para uso social, isto é, possibilita que o Estado entregue a um novo proprietário que se comprometa a cumprir a função social. Note-se que a finalidade não é acabar com o latifúndio e promover uma alteração na estrutura agrária, mas garantir a produtividade da terra. O novo proprietário seria tão absoluto quanto o anterior, podendo uma vez mais descumprir a finalidade social e teria, novamente, como única consequência, a possibilidade de nova desapropriação. Poderia até ter lucro nesta operação, porque uma segunda desapropriação poderia ter valor maior. Além disso, o novo proprietário pode vendê-la até mesmo para o antigo latifundiário inadimplente, como um bem qualquer, especulando com ela, por interesse econômico ou por qualquer contrariedade. A lei estabelece uma limitação à venda da propriedade recebida após desapropriação para fins de Reforma Agrária, por determinado tempo, mas o caráter absoluto, disponível da nova propriedade se mantém íntegro.

Os movimentos sociais reclamam contra a possibilidade de retorno da terra reformada ao poder do latifúndio por novas concentrações de propriedade e já há dispositivos considerando o caráter coletivo de algumas terras, como as terras quilombolas e as indígenas. Parte dos movimentos sociais tem consciência de que a propriedade absoluta individual da terra é um risco para a Reforma Agrária porque não modifica o conteúdo da estrutura fundiária que tem na concentração sua lógica. Assim, mesmo que a propriedade desapropriada seja dividida em pequenas propriedades, a tendência é a concentração e algum tempo depois, volta à hegemonia do latifúndio que pode ser produtivo, mas não necessariamente com uma função útil à sociedade. A grande produção agrícola, por exemplo, não tem compromisso com a produção de alimentos nutritivos e saudáveis já que é consumidora de insumos químicos e produtoras de mercadorias para um mercado distante, chamadas de *commodities*.

A Lei nº 5.504, de 30 de novembro de 1964, foi promulgada no início da ditadura militar, depois de sua promulgação sobrevieram mais de 30 anos entre ditadura e governos neoliberais, até a Constituição de 1988. Durante todo este tempo todas as políticas agrárias e agrícolas tiveram a intenção de introduzir o capitalismo no campo. Não foi a lei, mas sua não aplicação que manteve e aprofundou a concentração de terras e a estrutura agrária nascida no escravagismo. O fato é que mesmo com a Lei de 1964 omissa quanto à consequência do não cumprimento da função social era possível a interpretação de que uma terra sob domínio privado que não cumprisse a função social não poderia ter as garantias jurídicas do sistema, mas em momento algum a elite jurídica nacional ousou admitir, ou sequer pensar nesta possibilidade, muito menos decidir nos Tribunais com olhos posto no direito real da propriedade formal, titulada e absoluta. Por isso ficou tão fácil a não aplicação da lei seja no desprezo pela função social, seja pela omissão na cobrança do Imposto Territorial Rural.

A introdução do capitalismo no campo com a indevidamente chamada "revolução verde" fez que os instrumentos de desapropriação e de imposto progressivo fossem abandonados na prática com a afirmação de que a Reforma Agrária estava cumprida. De fato, a expulsão de camponeses, indígenas, quilombolas e outras populações tradicionais para a formação de grandes unidades produtoras de *commodities* e consumidoras de maquinários movidos a combustível fóssil, agrotóxicos em quantidades absurdas e sementes que não podem ser guardadas para replantio, mudou o campo e a produção agrícola, criando uma legião de trabalhadores rurais sem terra que não encontram nem como trabalhar nem como se alimentar na periferia das grandes cidades inchadas e inviáveis.

O avanço do capitalismo no campo, porém, não implicou no fim da necessidade da Reforma Agrária, mas sim na clara mudança de seu propósito. Se por um lado diminuiu o interesse do Estado e do poder econômico em utilizar os instrumentos legais da Reforma Agrária, desapropriação e imposto progressivo, aumentou significativamente a necessidade popular de encontrar terras para plantar. Os movimentos sociais do campo, sejam ligados aos povos indígenas, quilombolas e outros povos tradicionais, sejam os dos trabalhadores rurais que foram perdendo terras e trabalho, cresceu. Os latifúndios improdutivos continuaram existindo e os chamados de produtivos descumprindo a função social por destruírem a natureza, não criarem bem-estar, desrespeitarem as leis trabalhistas, não desenvolverem produção adequada ou não usarem sustentavelmente os recursos naturais.

Os movimentos incorporaram em suas lutas a proteção e manutenção da biodiversidade porque entenderam que, com as mudanças no campo introduzidas pelo capitalismo, já não fazia mais sentido apenas reivindicar terras, mas terras com qualidade ambiental. De certa forma isso estava presente nas reivindicações anteriores, mas não claramente. A partir daí, os povos tradicionais em cujas pautas de reivindicação sempre constou a irmandade com a natureza, explicitaram essa relação que nem sempre era entendida pela sociedade hegemônica capitalista.

Em relação aos movimentos pela Reforma Agrária também se processou uma mudança. A pauta passou a ser não apenas a repartição de terras, mas a possibilidade da repartição ser acompanhada de mudanças no próprio sistema produtivo, ter caráter mais coletivo na apropriação e uma produção voltada a combinar a agrobiodiversidade. Desta forma a Reforma Agrária não só continuou a ser necessária, como aprofundou os termos, incorporando a vida não-humana, e a prioridade para a produção de alimentos nutritivos e saudáveis.

A Constituição Brasileira de 1988

Emergido da noite autoritária, o povo brasileiro discutiu a elaboração de uma nova Constituição, promulgada em 1988, e não se pode dizer que não tenha enfrentado com vigor o caráter absoluto do direito privado de propriedade. Está claro no capítulo sobre o meio ambiente[117], que define o "meio ambiente ecologicamente equilibrado como bem de uso comum do povo e essencial à sadia qualidade de vida, impondo a todos o dever de preservá-lo para as presentes e futuras gerações", restringindo o exercício da propriedade privada e impondo uma revisão ao seu conceito, para ceder em seu absolutismo e se compatibilizar com a proteção ambiental, isto é, com a natureza. Esse capítulo não trata do direito de propriedade abstratamente considerado, mas do bem jurídico, a terra, em concreto e, ao alterar o bem, altera o direito que sobre ele se possa dispor. Na palavra todos está incluído o proprietário de uma terra a quem se impõe o dever de preservá-lo para as presentes e futuras gerações.

Também está claro no capítulo referente aos povos indígenas[118], que exclui qualquer propriedade sobre as terras que ocupam e garante a eles continuar a ser índios para sempre, acabando com o caráter de provisoriedade com que o Direito sempre os havia tratado. Ficou reconhecido aqui que o uso da terra por indígenas é mais importante do que o direito de propriedade individual que a ela se possa atribuir, como se fosse um direito natural ao povo sobre o território que habita, inclusive considerando nulos

---

[117] Capítulo VI, do Título VIII da Constituição, artigo 225.
[118] ver Comentários ao Capítulo VIII do Título VIII da Constituição, artigos 231 e 232. Canotilho, J.J. et alii.

e sem efeitos jurídicos todos os atos que contrariem esse direito originário. Esta formulação rompe dogmas e cria novos paradigmas para a propriedade de terras. Em havendo uso indígena não se pode falar em propriedade privada. Isto está explícito na Constituição, mas os intérpretes cegados pelo brilho da propriedade capitalista não conseguem enxergar.

De forma muito mais tímida que em relação aos povos indígenas, a Constituição de 1988 reconheceu a existência de povos quilombolas no artigo 68 do Ato das Disposições Constitucionais Transitórias: "Aos remanescentes das comunidades dos quilombos que estejam ocupando suas terras é reconhecida a propriedade definitiva, devendo o Estado emitir-lhes os títulos respectivos". Pouco claro o artigo foi sendo assimilado pelo sistema jurídico até se consolidar como um direito coletivo às comunidades quilombolas existentes em todo o Brasil por meio do Decreto nº 4.887, de 20 de novembro de 2003, e que foi detidamente discutido pelo Supremo Tribunal Federal em Ação Direita de Inconstitucionalidade que reafirmou não só o direito de existência das comunidades como a interpretação de que o direito à terra é da comunidade, de forma coletiva[119]. Esta decisão é muito importante porque reconhece a natureza autoaplicável do dispositivo e a existência de um direito coletivo às terras que habitam os quilombolas.

Também há restrições ao direito de propriedade no capítulo que trata da cultura[120], que determina que compete a todos a

---

[119] BRASIL. STF. Ação Direta de Inconstitucionalidade. Nº 3239. Disponível em: <http://www.stf.jus.br/portal/cms/verNoticiaDetalhe.asp?idConteudo=369187>. Acesso em: dez. 2019.
[120] Seção II, do Capítulo III, do Título VIII da Constituição, artigos 215 e 216. SOUZA FILHO, Carlos Frederico Marés de. **Bens culturais e sua proteção jurídica.** 3ª ed. Curitiba: Juruá, 2005.

proteção do patrimônio cultural brasileiro, subordinando a propriedade privada à sua manutenção. Aqui também, ao qualificar o bem, impõem restrições ao direito de propriedade e determina obrigações ao proprietário que está incluído na palavra todos.

O texto constitucional, cada vez que garante a propriedade privada individual determina que ela tenha uma função social[121], deixando claro que lhe é uma condição de existência e proteção, porque ao garantir a propriedade privada insiste que ela cumpra uma função social.

Mas não é só, a Constituição limitou os juros, defendeu o nacionalismo, privilegiou a empresa nacional, ofereceu garantias individuais e reconheceu direitos coletivos, além de estabelecer como objetivo fundamental da República a erradicação da pobreza[122]. Neste conjunto de dispositivos e outros não citados se pode ver que há uma mudança no conceito ou na natureza da propriedade individual, especialmente da terra, pela criação de proteção jurídica à natureza, biodiversidade e povos. Portanto, a função social deve ter uma amplitude muito maior do que a apregoada pela malícia jurídica dos intérpretes e das decisões judiciais.

Por isso foi chamada de cidadã, verde, ambiental, plurissocial, índia, democrática e quantos adjetivos enaltecedores pode ter um diploma que se escreveu para gerir os destinos do povo. E ela é tudo isso. E talvez essa seja a exata razão do esforço tão grande das oligarquias no sentido de modificá-la, alterá-la, para empalidecer seu verde amarelismo, sua força cidadã, seu caráter emancipatório.

É bem verdade que apesar disso não tem sido fácil a vida dos brasileiros. Os povos indígenas tiveram garantidos seus direitos

---

[121] Artigo 5º, incisos XXII e XXIII e Título VII, artigo 170, incisos I e II.
[122] Artigo 3º, inciso III.

originários, mas o Estado tem sido atuante e eficiente em diminuí-los, reinterpretá-los ou solertemente não os aplicar. O meio ambiente ecologicamente equilibrado foi erigido à categoria de bem jurídico protegido, mas a incúria, imprevisão e às vezes cruel "diligência" dos poderes de estado têm favorecido os incêndios, alagamentos, devastação de toda ordem[123]. O balanço do desmatamento da Amazônia realizado anualmente vem surpreendendo pelo aumento a cada ano. As leis já não bastam. Ocorre que quando uma lei mais rígida começa a ser aplicada, há uma corrida para sua alteração. A partir da segunda década do século XX as normas ambientais foram reordenadas com a lei nº 12.651, de 25 de maio de 2012, chamada impropriamente de Código Florestal, que instituiu um sistema de controle das áreas protegidas dentro das propriedades privadas, chamado Cadastro Ambiental Rural -CAR-, que patina na implantação e derrapa na fiscalização. Se dez anos depois da Constituição houve surpresa pelo aumento do desmatamento, passados outros vinte anos se pode perceber que a sociedade hegemônica não tem interesse nessa preservação e aplicação da norma constitucional com a citada Lei Florestal de 2012. Os crimes ambientais praticados pela incúria das administrações e dolosamente assumido pelos empreendedores se multiplicaram. São barragens que rompem e matam rios[124], queimadas intencionais da Amazônia, derramamento de petróleo nas praias, regularizações de grilos de terra e obras públicas imensas construídas sem preocupação ambiental, ecológica ou social.

---

[123] NOVAES, Washington. **Uma crise amazônica.** Jornal O Estado de São Paulo, dia 10 de fevereiro de 1999. p. A2.
[124] SERRA, Cristina. **A catástrofe de Mariana:** a história do maior desastre ambiental do Brasil. São Paulo: Record. 2019.

Para combinar os compromissos de eliminar desigualdades sociais e regionais e eliminar a pobreza, a Constituição não poderia repetir a velha propriedade privada do Código de Napoleão, absoluta e acima de todos os outros direitos. A propriedade privada, especialmente da terra, teria que ser desenhada como uma consequência dos direitos coletivos à vida, ao fim das desigualdades e ao meio ambiente ecologicamente equilibrado, à existência de povos tradicionais, teria que ser não apenas uma propriedade da terra que cumprisse uma função social, mas que somente existisse enquanto função social. Teria que ter uma razão humana de existência, por isso a vinculou, em todos os incisos que a reconheceu como direito, à função social. É tão insistente a Constituição que se pode dizer, fazendo eco ao professor colombiano Guillermo Benavides Melo, que no Brasil pós 1988 a propriedade que não cumpre sua função social não está protegida, ou, simplesmente, propriedade não é. Mas os intérpretes insistem em ler apenas a parte que afirma o reconhecimento da propriedade privada e não o seu contexto.

Na realidade quem cumpre uma função social não é propriedade, que é um conceito, uma abstração, mas a terra e a ação humana ao intervir na terra, independentemente do título de propriedade que o Direito ou o Estado lhe outorgue. Por isso a função social é relativa ao bem e ao seu uso, e não ao direito. O contrário, ou violação se dá quando há um uso humano, seja pelo proprietário legitimado pelo sistema, seja por ocupante não legitimado em desacordo com a lei. Por isso, é antissocial e inconstitucional o reconhecimento do direito de propriedade sobre uma terra impedida de cumprir sua função social.

A função social e a propriedade absoluta

Embora a concepção de que toda propriedade, não só a terra, deva ter uma função social esteja clara no texto constitucional, a leitura que as elites têm feito omite intencionalmente o conjunto para reafirmar o antigo e ultrapassado conceito de propriedade privada absoluta se apegando em pequenos detalhes e na sacralização da propriedade privada. A interpretação, assim, tem sido e se afirmado contra a Constituição. As decisões judiciais têm sido dadas com pouca atenção à função social e muita ao título formal.

Analisemos, então, a contradição entre a interpretação das elites e a determinação constitucional especialmente em relação à terra. A Constituição utiliza no capítulo II do Título VII, as expressões "propriedade rural" e "imóvel rural" como sinônimos. Tanto que, no artigo 184, estabelece que a competência para desapropriar "imóveis rurais" é da União Federal e, no artigo 186, estabelece que uma "propriedade rural" cumpre a função social quando haja: 1) aproveitamento racional do solo; 2) utilização adequada dos recursos naturais disponíveis e preservação do meio ambiente; 3) observação das disposições que regulam as relações de trabalho; 4) exploração que favoreça o bem-estar dos proprietários e dos trabalhadores. Está tratando da coisa e não do direito ou do titular do direito sobre a coisa. Se o titular não cumpre as obrigações trabalhistas, por exemplo, em sua indústria urbana ou em sua residência, não implica em descumprimento da função social da área rural. São as relações no imóvel rural que determinam o cumprimento ou não da função social, inclusive no imóvel determinado e não em qualquer um. Se um mesmo titular tem mais de um imóvel, cada um deve cumprir a função social e o fato de um cumprir e outro não, não gera o descumprimento ou o cumprimento dos dois. Portanto, trata-se da coisa.

A definição de função social, por outro lado, é muito parecida, embora de melhor redação, com a estipulada na lei de 1964, o Estatuto da Terra. Deve ficar claro, mais uma vez, que no artigo 184 trata da desapropriação dos "imóveis rurais que não estejam cumprindo sua função social", numa clara referência que a função é relativa ao bem e não ao direito. Se a função social deve ser cumprida pela terra, quem a faz cumprir é o uso, quem sabe a posse, não a propriedade, conceito jurídico[125].

Uma terra para cujo uso cumpre estas determinações estará enquadrada dentro de limites favorecedores da vida humana integrada à biodiversidade, mas tem que ser humanamente utilizada. Em um sistema que tem a propriedade privada como sustentáculo, esta qualificação deve ser considerada avançada, porque faz prevalecer a condição à propriedade, a vida ao direito individual. A propriedade privada existe para produzir bens necessários à humanidade e seus desígnios, portanto deve cumprir os limites que a lei estabelece, garantindo a preservação da natureza, do solo, das águas e da vida, biodiversidade e possibilitando a continuidade da produção por não esgotar os recursos naturais.

Se assim tem que ser a propriedade, temos como corolário que a gleba rural (a terra delimitada em propriedade) que não atenda a todos estes critérios constitucionalmente estabelecidos terá que ser compungida a fazê-lo. É de se supor que um uso que não preserve o meio ambiente ou cuja exploração não favoreça

---

[125] FACHIN, Luiz Edson. **A função social da posse e a propriedade contemporânea:** uma perspectiva da usucapião imobiliária rural. Porto Alegre: Sergio Antônio Fabris Editor, 1988.

os trabalhadores ou ainda não tenha um aproveitamento racional ou adequado, ou não cumpra suas obrigações trabalhistas, é nociva e como tal duramente castigada. O Código Florestal Brasileiro, Lei nº 4.771, de 15 de setembro de 1965, que já não está em vigor, desde 2012, estabelecia, em artigo 1º, que as ações contrárias à proteção florestal nele estabelecida seriam consideradas uso nocivo da propriedade. Portanto, por descumprir parte dos requisitos já se caracteriza como uso nocivo. O uso nocivo, por sua vez, está regulado como um direito de vizinhança, mas que deve ser estendido aos direitos coletivos ambientais, que tanta semelhança tem com os de vizinhança, apesar de potencializado e estendido a coletividade. A lei florestal promulgada em 2012, Lei nº 12.651, de 25 de maio, não reproduziu o mesmo dispositivo da lei anterior, mas do ponto de vista teórico é clara a nocividade do uso inadequado da terra e se pode utilizar a Constituição para afirmar que o não cumprimento da função social é nocivo. A Lei Florestal não utiliza o termo função social em seu corpo. Utiliza "função ambiental" e "função ecológica", mas sem relação direta com o dispositivo constitucional do artigo 186.

A Constituição não indica com clareza qual o castigo ou pena que terá uma propriedade que não faz a terra cumprir sua função social, mas ele parece óbvio: o proprietário tem a obrigação de cumprir o determinado, é um dever do direito, e quem não cumpre seu dever, perde seu direito. Quem não paga o preço não recebe a coisa, quem não entrega a coisa não pode reivindicar o preço. Quer dizer, o proprietário que não obra no sentido de fazer cumprir a função social de sua terra, perde-a, ou não tem direito a ela. Seria então legítimo entender que se uma terra não cumpre a função social não há sobre ela direito de propriedade.

Significa que o proprietário, detentor do título de propriedade, pode e deve passar a usar a terra de forma funcional e dessa forma integralizar o título que estava moribundo, sem vida. O cumprimento da função social da propriedade é a maneira de dar vida a um título meramente formal. Não há, porém, norma legal que possibilite ao Estado declarar a nulidade ou inexistência de um título de propriedade cuja terra não esteja cumprindo a função social. Quando há uma atuação do proprietário nociva ao meio ambiente, aos trabalhadores ou ao bem-estar é possível ao Estado juiz para corrigir ou punir a violação, mas para desconstituir o título somente por meio de desapropriação como deixa claro a Constituição. Mas o direito de propriedade que não faz cumprir a função social não merece, por outro lado, a proteção do Estado nem Administrador, nem Juiz.

Se o Estado não pode declarar extinto o título por descumprimento da função social, tem a obrigação de desapropriá-lo e, como consequência lógica e jurídica, não pode protegê-lo enquanto não desapropria.

As armadilhas do texto constitucional e suas interpretações

O que parece ser muito claro na Constituição e que as elites não aceitam ler, é que uma propriedade que não faz cumprir a função social da terra não tem direito à proteção, isto é, não pode chamar o Estado polícia ou juiz para protegê-la, pelo menos enquanto não faz cumprir sua social função. A propriedade é um direito criado, inventado, construído, constituído. Ao construí-lo a Constituição lhe deu uma condição de existência, de reconhecimento social e jurídico, que é fazer cumprir a função social da terra, ao não cumprir essa condição imposta pela lei, não pode o detentor de um título invocar a mesma lei para proteger-se de quem quer fazer daquela terra o que a lei determina que se faça. O proprietário da terra cujo uso não cumpre a função social não está protegido pelo Direito, não pode utilizar-se dos institutos jurídicos de proteção, com as ações judiciais possessórias e reivindicatórias para reaver a terra de quem as use, mais ainda se quem as usa está fazendo cumprir a função social, isto é, está agindo conforme a lei.

Quando a Constituição foi escrita, porém, os chamados ruralistas, nome gentil dado aos latifundiários, foram construindo dificuldades no texto constitucional para que ele não pudesse ser aplicado. Como não podiam desaprovar claramente o texto cidadão, ardilosa e habilmente introduziram senões, imprecisões, exceções que, contando com a interpretação dos juízes, Tribunais e do próprio Poder Executivo, fariam do texto letra morta, transportando a esperança anunciada na Constituição para o velho enfrentamento diário das classes dominadas, onde a lei sempre é contra.

Que inútil seria essa Constituição que, bela como um poema, não lhe tem a mesma eficácia porque não serve sequer para comover corações? Que mistérios esconde o texto da esperança cidadã? A primeira providência dos latifundiários foi introduzir um vírus de ineficácia em cada afirmação. Assim, onde a Constituição diz como se cumpre a função social, se lhe acrescenta que haverá de ter uma lei (outra lei, inferior) que estabeleça "graus e exigências", com isso, dizem os Tribunais, já não se pode aplicar a Constituição sem uma lei menor que comande a sua execução.

É claro que exigir uma lei de aplicabilidade seria pouco, porque o Congresso Nacional poderia aprovar tal lei, como de fato o fez, então foram criadas outras armadilhas no próprio texto constitucional, o artigo 184 dispõe que compete à União desapropriar os imóveis rurais que não cumpram sua função social. Isto tem sido interpretado, até mesmo ingenuamente por setores populares, como o estabelecimento de uma única consequência ao não cumprimento da função social: a possibilidade de desapropriação pelo Poder Público Federal. Esta interpretação anula a consequência porque transforma a ausência do cumprimento da função social em uma razão de desapropriação, como na velha lei de 1964. Se lembrarmos que as razões para desapropriar são abertas no direito brasileiro, a interpretação apenas dá uma causa àquilo que não necessita causa. A Constituição já estabelece que haverá desapropriação por interesse social no artigo 5°, inciso XXIV, não seria preciso repetir restringindo, já que no artigo 184 só a União pode fazê-lo, enquanto no artigo 5° a competência é de qualquer esfera pública. Esta interpretação premia o descumprimento da função social, o que é um absurdo, mas foi disposto. Na realidade, a interpretação deveria ser de que é uma obrigação da União promover a desapropriação, não uma mera faculdade.

Pode se perceber que as interpolações no texto constitucional foram intencionais. O artigo 185 dispõe que o imóvel que seja produtivo é insuscetível de desapropriação, isto tem sido interpretado pelas elites como: mesmo que não cumpra a função social, a propriedade produtiva não pode ser desapropriada, o que inverte toda a lógica do sistema constitucional, porque se juntarmos esta interpretação com o equívoco anterior, a conclusão é desastrosa: a propriedade considerada produtiva não pode sofrer qualquer sanção ou restrição pelo fato de não cumprir a função social. É verdade que apesar da habilidade dos autores, estas armadilhas não teriam êxito, e até seriam toscas, não estivesse coerente com a ideologia dominante, para a qual sempre é mais fácil qualquer interpretação que considere o Estado e seus poderes ao mesmo tempo guardiões e servos da propriedade. Esta ideologia tem uma forma estranha de se preocupar com a fome ou a má distribuição de riqueza, achando que elas não são frutos da acumulação cada vez mais concentrada, mas da maldade dos homens, especialmente dos pobres. Assim, quando a ideologia determina que a única razão jurídica possível é a defesa da propriedade privada absoluta, passa a ser aceitável a leitura do artigo 185 que conclui que uma propriedade rural que produza riqueza e dê lucro, seja insuscetível de desapropriação e de qualquer outra restrição legal, independentemente de exercer sua função social. Nessa ideologia de realidades torcidas, a acumulação de riqueza na mão de poucos gerará possibilidade de distribuição que só não acontecerá pela maldade do coração dos homens. Tratar-se-ia, então, de melhorar o coração dos ricos e não de distribuir, socialmente, a própria terra. Ditos em termos mais rudes, para esta ideologia os termos da Constituição cidadã só tem eficácia enquanto possam ser interpretados como protetores da propriedade privada absoluta. De fato, o artigo 185 da Constituição afirma que serão insuscetíveis de desapropriação para fins de Reforma Agrária a pequena propriedade rural e a propriedade produtiva e as regras infraconstitucionais passaram a descrever esta produtividade como econômica, sinônimo de rentabilidade ou lucratividade, de uma maneira puramente economicista, desvinculando a produtividade da função social que deve ter a propriedade, em evidente afronta à determinação constitucional da função da propriedade. Produtividade na Constituição somente pode se dar quando cumprir a função social.

Para quem aceita as armadilhas do texto constitucional a Reforma Agrária é possível e realizável apenas em terras públicas, devolutas (o que não é Reforma Agrária, mas colonização), e nos latifúndios improdutivos segundo critérios muito baixos de produtividade, para não ferir a liberdade e o patrimônio do proprietário e seus credores. Para as armadilhas somente serviria para a Reforma Agrária as áreas improdutivas do ponto de vista economicista, e ainda assim, só depois de desapropriadas pela União.

Não é isto que salta à vista no conjunto do texto constitucional, porque esta interpretação, majoritária nas classes dominantes, atira às traças a definição escrita em ouro da função social do imóvel rural, mas não só, torna inaplicável e inócuo os propósitos de erradicar a pobreza, construir uma sociedade livre, justa e solidária e garantir o desenvolvimento nacional, considerados objetivos fundamentais da República Federativa do Brasil no artigo 3°. E ainda mais, desestrutura a ordem econômica estabelecida que tem por finalidade assegurar a todos "existência digna" (art.170). Ao submeter a função social à produtividade, esta interpretação desconsidera toda a doutrina e a evolução da teoria da função social e reduz o artigo 186 da Constituição a uma retórica cínica.

Se esta interpretação fosse verdadeira, que sentido teria o artigo 186 que define os critérios da função social? E que sentido teriam os artigos 5°, incisos XXII e XXIII e Título VII, artigo 170, incisos I e II, que indicam uma clara vinculação entre a propriedade privada e a função social? Esta exegese ligeira acaba por comprometer todos estes dispositivos constitucionais, como se tivessem sido escritos apenas para ludibriar o povo. A conclusão é dura demais para ser verdadeira, porque é uma espada impiedosa golpeando a esperança de um povo viver em paz. Se a Constituição foi escrita para enganar o povo, que caminhos de paz pode lhe restar? Cento e cinquenta anos depois, voltaríamos a Lassalle quando dizia que a Constituição é uma folha de papel sujeita ao uso das classes dominantes[126]. É claro que estas interpretações excludentes devem ser repudiadas sob pena de se atirar no lixo o texto constitucional. Estas interpretações são equivocadas porque tomam um inciso e omitem o conjunto da obra. É verdade que a inclusão do artigo foi intencional e exatamente para propiciar tais interpretações, mas, como infirma todo o resto, se impõe um esforço para lhe dar coerência e sobretudo para encontrar nele o que Lassalle chamou de forças reais de poder[127].

As propriedades rurais e seu uso

Focalizemos mais de perto a questão da rentabilidade e da produtividade. A terra está destinada a dar frutos para todas as gerações, repetindo a produção de alimentos e outros bens, permanentemente, se não o fizer, as futuras gerações terão problema alimentar. O seu esgotamento, porém, pode dar lucro imediato, mas liquida sua produtividade, quer dizer a rentabilidade de um ano, o lucro de hoje, pode ser o prejuízo do ano seguinte. E prejuízo não apenas financeiro, mas social, público, porque se traduz em desertificação, que quer dizer fome, miséria, desabastecimento e,

---
[126] LASSALLE, Ferdinand. ¿Qué es una constitución? México: Colofón, 1996.
[127] *Idem, ibidem.*

em consequência, não cumprimento dos objetivos da República e nem da função social da terra.

É demasiado egoísmo, não compatível com a Constituição Social, imaginar que a produtividade como conceito constitucional queira dizer lucro individual e imediato. Ao contrário, produtividade quer dizer capacidade de produção reiterada, o que significa, pelo menos, a conservação do solo e a proteção da natureza, isto é, o respeito ao que a Constituição chamou de meio ambiente ecologicamente equilibrado garantindo-o para as presentes e futuras gerações (artigo 225), quer dizer a produtividade da terra deve continuar para servir as presentes e futuras gerações. Este fenômeno pode ser chamado de sustentabilidade. Podemos, então, dizer que a produtividade deve ser sustentável, porque não se trata da produção de um ano ou de qualquer coisa, mas a possibilidade de manter a terra produtiva para produzir o que a sociedade necessite.

A Constituição indica claramente esta interpretação quando no parágrafo único do artigo 185 dispõe: "a lei garantirá tratamento especial à propriedade produtiva e fixará as normas para o cumprimento dos requisitos relativos a sua função social". Quer dizer, propriedade produtiva é aquela que além de cumprir os requisitos da função social: aproveitamento racional, preservação do meio ambiente, obediência às obrigações trabalhistas e uma exploração que favoreça o bem-estar de todos os envolvidos, alcança níveis de produtividade exemplar. Quando a Constituição estabelece que a lei haverá de garantir tratamento especial a esta propriedade, está falando em prêmio, em incentivo, não em punição.

Neste sentido, a interpretação do capítulo relativo à política agrícola e fundiária e da Reforma Agrária, especialmente dos artigos 185 e 186, combinados com o caráter emancipatório e pluralista de toda a Constituição, nos leva a certeza de que é protegida pela Constituição a propriedade que faz a terra cumprir sua função social, porque a ocupação que não a cumpre, por mais rentável que seja, incorre em ilegalidade.

Portanto, o sistema jurídico reconhece diferentes situações em que pode se encontrar a terra. Há, em primeiro lugar, terras afastadas do comércio ou do mercado, que não são passíveis de negociação nem de apropriação individual, são as terras públicas de uso especial e de uso comum do povo, as indígenas, as das comunidades quilombolas e outros povos e comunidades tradicionais, as afetadas a um uso coletivo, como as reservas extrativistas, reservas do desenvolvimento sustentável e florestas nacionais, assim como as demais unidades de conservação públicas. Estas cumprem seu destino, sua afetação e são usadas segundo regras próprias, tem como função exatamente seu destino e afetação, cumpridas as leis de proteção ao patrimônio ambiental e cultural. De outro lado estão as terras chamadas de privadas cujo destino ou afetação estão ligadas a um patrimônio individual, podem ser comercializadas, trocadas, vendidas, hipotecadas. Estas terras, salvo as Reservas Particulares do Patrimônio Natural[128], são destinas à produção agrícola ou moradia urbana, devendo cumprir, num e noutro caso, a função social estabelecida na Constituição[129].

A Constituição Brasileira considera três situações em relação aos imóveis rurais privados quanto ao cumprimento da fun-

---

[128] Reservas Particulares do Patrimônio Natural – RPPN – são Unidades de Conservação criadas pelo Poder Público sob solicitação do proprietário, de caráter perene. Lei 9.985, de 18 de junho de 2000, artigo 14 e seguintes.
[129] A função social do imóvel urbano está tratada no artigo 182 e seus parágrafos, da Constituição de 1988.

ção social: 1) os que têm uso adequado a função social, cumprindo os quatro requisitos do artigo 186; 2) os que não cumprem a função social, por não atender um ou mais requisitos, ainda que usados por seus proprietários; 3) os que, além de cumprir sua função social, são exemplarmente produtivos, que merecem por isso um incentivo público.

As primeiras estão protegidas pelo sistema jurídico com todos os recursos, que são muitos, para garantia da propriedade privada enquanto domínio e posse de um titular legítimo. Por estarem adequadas à lei, não são passíveis de desapropriação para fins de Reforma Agrária, que é a adequação do uso das terras aos interesses sociais e legais. A ocupação da terra que cumpre os quatro requisitos da função social não precisa ser reformada, segundo a Constituição. Estas terras, por serem propriedades particulares são passíveis de desapropriação para finalidades públicas, as chamadas utilidade ou necessidade públicas e interesse social, que não a Reforma Agrária, devendo o pagamento da indenização ser prévio, justo e em dinheiro, segundo as constituições brasileiras desde 1924[130]. Isto quer dizer, mesmo que uma propriedade rural ou urbana cumpra todas as exigências da função social da terra pode ser desapropriada para outros fins que não seja Reforma Agrária.

Embora pareça absurdo, na defesa da propriedade rural o poder político criou tantos e tão complicados trâmites e exigências legais para a desapropriação por interesse social para fins de Reforma Agrária que hoje no Brasil é mais fácil desapropriar para qualquer outro fim do que para corrigir as injustiças no campo,

---

[130] A diferença entre a desapropriação e sua espécie para fins de reforma agrária, além da finalidade, é que esta última pode ser paga com títulos da dívida agrária e a competência para sua declaração é exclusiva da União Federal, vedados aos Estados e Municípios.

entretanto, a primeira é considerada uma exceção ao sistema proprietário, enquanto que a segunda é um objetivo da República. Isto tem impedido os governos de realizar a Reforma Agrária, limitando-se a propostas de colonização, de expansão da fronteira agrícola e de repartição de terras devolutas, além de incentivos fiscais e de financiamento o que pressiona a natureza prejudicando o meio ambiente tão protegido pelo artigo 225. Estas políticas estão muito longe de gerar redistribuição de renda e incentivo à manutenção e garantia dos camponeses em suas terras produzindo em harmonia com a natureza.

Em análise harmônica com todos os dispositivos, princípios, regras e objetivos da Constituição e da República que ela constitui, o entendimento da imunidade, ou insuscetibilidade de desapropriação, estabelecida no artigo 185, não pode invalidar a função social, por isso aquela produtividade que imuniza a propriedade há de ser adequada aos fins da República, isto é, produção de alimentos e de riquezas para as presentes e futuras gerações não apenas no interesse do proprietário, mas de toda a sociedade. É essa propriedade que merece incentivos e aplausos e não aquela que produz descumprindo a função social como desejam intérpretes de um artigo só. O Estado brasileiro não desenvolveu estes incentivos à propriedade produtiva, mas se o fizesse ou se o fizer, seguramente premiará aquela que produza alimentos nutritivos e saudáveis e que aja no sentido de manter essa produção para as futuras gerações.

De qualquer forma, as terras desta primeira espécie, as terras privadas que cumprem a função social, e a da terceira, que além de cumprir a função social têm méritos produtivos, estão garantidas pelo sistema jurídico e têm como única exceção à livre disposição do proprietário a desapropriação com pagamento prévio e em dinheiro por interesse público ou interesse social. Note-se que a exigência legal para a primeira espécie é pequena: basta cumprir as normas ambientais e trabalhistas, produzir adequadamente e gerar harmonia entre os trabalhadores, isto é, não se exige cumprimento de políticas agrícolas, nem espécies prioritárias de produção, nem mesmo sustentabilidade da área plantada, que pode ser esgotada no processo produtivo em cumprimento da função social. Não é a mesma coisa com a terceira espécie, aqueles considerados pela Constituição como produtivas e que merecem incentivos especiais.

O não cumprimento da função social e as garantias possessórias

A segunda espécie, a propriedade rural que não cumpre sua função social, pode e deve ser desapropriada para fins de Reforma Agrária, com o pagamento em títulos da dívida pública, chamados Títulos da Dívida Agrária -TDA-, segundo o disposto na Constituição Federal e na Lei nº 8.629, de 25 de fevereiro de 1993, que regulamenta as normas constitucionais.

O Poder Público Federal deve promover uma política de Reforma Agrária que tenha o sentido de cumprir os fundamentos da República, eliminando as diferenças regionais e sociais, a defesa do meio ambiente, o bom relacionamento de trabalho, a busca de pleno emprego, conforme determina a Constituição, por meio da desapropriação de glebas de propriedades que não cumpram sua função social. Os outros órgãos públicos, estaduais e municipais, também têm obrigação de buscar esses objetivos da república, mas não podem desapropriar para fins de Reforma Agrária, competência exclusiva da União. Isso não pode impedir, porém, que pratiquem políticas de adequação da propriedade rural aos dispositivos legais, sem desapropriação. Não tem sido comum os Estados e Municípios desenvolverem esse tipo de atividade muitas vezes por se sentirem impedidos pela Constituição, o que não é verdadeiro.

Promover a política de Reforma Agrária por meio de desapropriação é uma obrigação do Estado, mas tem sido entendida como uma opção política do governo. A desapropriação, que é o principal instrumento da Reforma Agrária não pode ser entendida como uma penalidade, mas como uma normalidade do sistema, como se analisará adiante. O proprietário que não usa ou usa mal a sua propriedade ao ser desapropriado recebe o valor integral do bem, podendo aplicá-lo no mercado ou em outra terra, talvez de melhor qualidade e mais rentável. Isto não pode ser considerado punição, do ponto de vista econômico é uma troca de ativos. A desapropriação acaba sendo um prêmio autorizado pela Constituição, já que quem não cumpre a função social da terra não poderia ser considerado proprietário. Independente da discussão da perda ou não da propriedade, deve ficar realçado que a desapropriação não é perda de propriedade, é uma troca, o proprietário que não cumpre a função social de sua terra não pode gozar da mesma proteção jurídica oferecida às propriedades que a cumprem. Se a propriedade rural protegida pelo Direito é somente aquela cujo exercício cumpre a obrigação social que lhe é implícita e exigida, a que descumpre não pode exigir proteção do Estado. A terra que não está aproveitada, tem aproveitamento inadequado, não preserva o meio ambiente, viola as relações trabalhistas ou não gera bem-estar, não pode reivindicar proteção do sistema que atribuiu a obrigação descumprida. A propriedade que não cumpre sua função social é uma espécie de coisa de ninguém, desapropriável, mas também ocupável, por quem puder fazê-la útil à sociedade. Não pode ser outro o entendimento de uma Constituição social como a de 1988. Apesar disso, o Poder Judiciário tem fechado os olhos para a função social da propriedade e analisado as ações possessórias apenas de olho nos títulos de propriedade, sem análise da função social.

Uma terra privada que não está em uso, certamente não está cumprindo sua função social, porque toda terra privada é destinada ao uso, que por sua vez deve ser adequado e cumpridor da função social. Por isso, o fato de estar em uso não significa que está cumprindo sua função. O uso da terra pode ser intenso, gerando grande renda a seu proprietário ou ocupante, ser até muito rentável sem cumprir a função social. Aliás, algumas vezes o uso intenso e altamente rentável é sinal de descumprimento da função social porque não estão sendo cumpridas as proteções ambientais, de trabalho ou bem-estar que, obviamente, têm custos. E isto é claro porque embora destinada ao uso, a terra cumpre uma função de manter a vida, que significa cuidado com o meio ambiente, com os rios, florestas e animais, com a natureza e com as pessoas que trabalham e vivem nela ou em seu entorno.

Assim, a terra deve ser usada, mas não se deve esquecer que o uso não pode ser no sentido de esgotar a possibilidade de renovar a vida, de transformá-la a ponto de esterilizá-la, isto é, o uso está condicionado à manutenção, conservação e proteção da biodiversidade. Por isso, antes da Constituição e seu artigo 225, uma gleba inculta, entregue à vida selvagem, poderia ser considerada de uso nocivo, hoje não, porque a proteção do meio ambiente e da diversidade biológica representada pela integridade do patrimônio genético nacional passou a ser princípio jurídico para a conservação do Brasil e do Planeta e está consagrado na Constituição de 1988. Entretanto, as terras destinadas a ser propriedade privada têm a finalidade de uso produtivo e sua função social exige aproveitamento adequado e racional (artigo 186, I). Quando o Poder Público, por meio de lei considera que uma sorte de terra deve permanecer inculta, sem uso, ou com uso adequado para a manutenção da biodiversidade, cria o que chama de espaços ambientais protegidos ou unidades de conservação (art. 225, § 1º, III, da CF), e o tem feito com bastante regularidade. Estes espaços, mesmo quando privados, têm uso restrito. Isto quer dizer que uma gleba inculta é aceitável e até desejável para o sistema jurídico enquanto não estiver causando dano social, mas deve ser gravada como especialmente protegida de forma permanente. Uma terra privada sem uso e não gravada como especialmente protegida não é aceitável para o sistema brasileiro. A terra que foi destacada do domínio público e entregue ao domínio privado não pode ficar inculta sob pena de estar descumprindo a função social, desde que não seja destinada permanente, pela lei ou por decisão administrativa como área de proteção permanente.

O sistema legal considera, então, antissocial e ilegal a manutenção de uma gleba privada inculta para servir de reserva de valor ou terra de especulação. Por isto, é coerente com a legalidade ocupar estas terras e usá-las produtivamente, não podendo estar protegidas pela inexistente posse do proprietário absentista. O Estado, então, não pode garantir a proteção possessória do direito de propriedade ali existente, mas pode desapropriá-la para fins de

Reforma Agrária. Essa terra inculta de propriedade privada terá sua função social cumprida quando estiver produzindo adequadamente pelo proprietário ou pelo ocupante não proprietário. Quer dizer, a função social não é cumprida necessariamente pelo proprietário, mas por quem quer que esteja produzindo na terra.

A propriedade que não está fazendo a terra cumprir a função social, violando um dos quatro dispositivos do artigo 186, como as leis trabalhistas ou a proteção do meio ambiente, é duplamente antissocial, porque além de se omitir de uma obrigação: o aproveitamento da terra destinada à agricultura, viola dispositivos legais: leis trabalhistas e leis ambientais. Esta dupla violação demonstra que uma interpretação que não dê consequência ao descumprimento da função social está equivocada, porque se não houvesse consequência não haveria razão para se falar em função social, já que o simples fato de violar leis trabalhistas e ambientais gera ao violador sanções administrativas, civis e penais.

Para o sistema constitucional brasileiro, que protege a biodiversidade e o meio ambiente, o não uso da terra é a menor das violações do descumprimento da função social: quando um proprietário deseja manter sua terra inculta para proteger o ambiente, pode fazê-lo, desde que proponha a criação de uma Reserva Particular do Patrimônio Natural -RPPN- (art. 21, da Lei nº 9.985/00), o que está impedido de fazer é mantê-la inculta simplesmente para aguardar o aumento de seu valor, o que é especulação, ou, o que é mesma coisa, guardá-la para realizar seu valor monetário mais tarde, quando desejar ou necessitar. Quer dizer, uma terra não usada pode se transformar em espaço útil à sociedade, desde que seja garantido o seu não uso permanente, como RPPN ou mesmo reserva legal. Já uma terra mal usada causa consequências desastrosas para a sociedade porque viola o princípio da preservação ambiental, o direito de todos ao meio ambiente ecologicamente equilibrado e outros princípios e objetivos do Estado, como a dignidade da pessoa humana, os valores sociais do trabalho, a redução das desigualdades regionais e sociais, a busca do pleno emprego, e outros valores que os interesses econômicos querem fazer esquecer.

Imaginemos uma terra intensamente usada e altamente rentável, mas que para alcançar os índices de "produtividade" conta com trabalho escravo. Por certo, esta situação não pode ser admitida ou tolerada pelo Direito, e não o é. Independentemente das consequências de ordem penal que possa advir para o proprietário, haverá de ter consequências civis para o direito de propriedade. Imaginemos uma outra que alcança os mesmos índices de "produtividade" com ações contrárias à proteção da natureza, como, por exemplo, a destruição das matas ciliares ou a poluição das águas, pelo excesso de agrotóxicos ou pelo mau uso de curvas de níveis, causando erosão. Está claro que, embora rentáveis e em uso, estas terras não cumprem a função social e têm que sofrer uma restrição legal, não podem ser amparadas pelo reconhecimento da produtividade, não são socialmente produtivas.

Os exemplos imaginados, mas existentes na realidade, não podem entrar na categoria de produtivos, com a proteção que lhe dá a Constituição no artigo 185. Nos dois exemplos, embora rentáveis, o direito de propriedade foi exercido contra o interesse social e público, e contra a lei, não podendo ser protegido. Ao contrário, para este direito não existe proteção jurídica, ele está em situação antijurídica e pode ser desapropriado porque não cumpre a função social, não pertence à categoria de propriedade produtiva para o efeito do artigo 185, da Constituição Federal.

Esta interpretação é confirmada pelo artigo 243, da Constituição, ao determinar a expropriação, sem indenização, das propriedades rurais usadas para cultura de psicotrópicos e utilizadas ao assentamento de colonos. Reafirmando a expropriação, em 2014, por Emenda Constitucional, foi ampliada para incluir o trabalho escravo e a destinação para a Reforma Agrária:

Art. 243. As propriedades rurais e urbanas de qualquer região do País onde forem localizadas culturas ilegais de plantas psicotrópicas ou a exploração de trabalho escravo na forma da lei serão expropriadas e destinadas à reforma agrária e a programas de habitação popular, sem qualquer indenização ao proprietário e sem prejuízo de outras sanções previstas em lei, observado, no que couber, o disposto no art. 5º. (Emenda Constitucional nº 81, de 2014)

A Constituição equipara, no parágrafo único do artigo, todos os bens móveis de valor econômico apreendido em virtude do tráfico de entorpecentes à gleba com cultura de psicotrópicos. Estes bens não só carecem de proteção jurídica, como o Estado tem obrigação de retirar das mãos de seus proprietários, mesmo que a produção seja em regime de contrato agrário. Esta exploração, apesar de ser muito rentável, por violar a lei diretamente sofre uma sanção, mesmo que cumpra todas as outras exigências da função social, não tem as garantias da propriedade, mas além disso, há uma pena para o cultivo ilegal, cogente ao poder público, a sua expropriação. Este dispositivo aponta para o entendimento de que a produtividade, no artigo 285, não pode significar rendimento privado contrário ao interesse público.

Portanto, podemos dizer que a Constituição Brasileira de 1988 garantiu a propriedade privada rural, desde que cumpra a função social, quando não a cumpre, mesmo que utilizada rentavelmente pelo proprietário, não está protegida pelo Direito. Isto quer dizer que o Poder Público Federal tem o direito e a obrigação de desapropriar para fins de Reforma Agrária as terras que não cumprem a função social, mesmo quando rentáveis e deve expropriar sem indenização quando usadas para cultura de psicotrópicos e uso de trabalho escravo, casos em que há uma obrigação do Poder Público em expropriá-la, porque se trata de uma efetiva sanção. No caso do não cumprimento da função social, tem se interpretado que é uma faculdade do Poder Público desapropriá-la, o que significa que não é uma sanção. No primeiro caso não há dúvidas de que seja obrigação do Poder Público punir o criminoso que usa a terra para produção de psicotrópicos proibidos ou com trabalho escravo, no segundo, há uma hipótese de o proprietário corrigir o seu desvio e fazer com que a terra cumpra a função social, elidindo a situação antijurídica e evitando a desapropriação.

A garantia jurídica da terra privada é o direito de propriedade, isto é, a faculdade do proprietário de usar, gozar e dispor da coisa, e reavê-la de quem injustamente a possua ou detenha, nos termos do artigo 1.228 do Código Civil. Segundo a Constituição, se o proprietário utiliza a terra para plantar psicotrópicos proibidos ou usa trabalho escravo em sua produção perde o direito relativo a todas as faculdades estabelecidas no artigo citado, mas se descumpre a função social não, porque pode corrigir seu uso antes de ser desapropriado, e se for desapropriado recebe seu valor da terra pago em títulos da União pertencentes a toda sociedade.

Mas terá ele o direito de reavê-la de quem a detenha ou possua fazendo com que a terra cumpra a função social? Isto é, um proprietário absentista pode pedir em Juízo a recuperação da posse abstrata de proprietário de sua terra ocupada por pessoas que a fizeram produzir adequadamente, portanto cumprindo a função social que o proprietário negligenciou? Isto porque o sistema constitucional exige esse cumprimento e o direito estabelecido no Código Civil é o de reaver a posse de quem injustamente detenha a coisa. Aqueles que estiverem dando cumprimento à função social da terra, não a detêm injustamente, ao contrário, a detêm cumprindo a lei. Esta tem que ser a discussão preliminar de um pedido possessório de terras.

O proprietário que não cumpre a função social não pode ser considerado possuidor da terra, especialmente se não cumpre a função social pelo não uso. Neste sentido, se não tem posse não pode reclamar contra quem a tenha e cumpra a função social exigida pela Constituição. Como é possível que o Estado garanta proteção possessória a quem não cumpre a obrigação inerente à propriedade de fazer cumprir a função social? E como é possível que negue a posse a quem diretamente faz cumprir a função social? Isto somado à obrigação do Poder Público desapropriar as terras que não cumprem a função social, resulta na impossibilidade do proprietário usar as prerrogativas do Código Civil de reaver a coisa de quem a detenha, porque não é injusta uma detenção que faz cumprir uma ordem legal.

Quer dizer, um proprietário que não esteja usando sua propriedade não pode utilizar as ações possessórias para reavê-la de quem detenha a terra e a usa fazendo-a cumprir a função social. O remédio que terá será o uso de ações reivindicatórias ou petitórias, que têm como fundamento o título de propriedade, abstratamente entendido, e não a posse, que é concreta e a única capaz de fazer cumprir a função social exigida na lei.

Um conceito para a produtividade

Na divisão feita acima acerca das espécies de propriedades da terra, a terceira espécie é daquelas que além de cumprir a função social são consideradas produtivas. A Constituição preceitua que a propriedade produtiva não é passível de desapropriação para fins de Reforma Agrária, assim como a pequena e média propriedade explorada pelo proprietário que não possua outra. A pequena e a média propriedades exploradas por seu proprietário não servem para a Reforma Agrária que tem um sentido social, isto é, não parece fazer muito sentido que o Estado desaproprie pequenas e médias propriedades apesar de ter, também a obrigação de cumprir a função social. O descumprimento da função social por elas deve ser combatido pelos meios próprios, inclusive pela desapropriação por outra motivação que não a Reforma Agrária, especialmente o interesse social estabelecido na Lei nº 4.132/62, cuja competência é do poder público em geral e não apenas da União. A desapropriação para fins de Reforma Agrária da pequena e média propriedade não tem razão de ser porque não há interesse social na reforma de pequena e média propriedade e sim no apoio aos pequenos e médios para melhorar suas condições de vida, na terra. Por outro lado, o pagamento da desapropriação com títulos da dívida agrária geraria um problema social porque o proprietário não teria como sobreviver, já que não possui outro lugar para morar. A determinação, aqui, é que o Poder Público promova a adequação da conduta do cidadão para que ele faça realizar a função social de sua terra sob as penas ambientais e trabalhistas e de relações humanas. Portanto, é fácil entender o porquê da proibição do artigo 185 em relação às pequenas e médias propriedades. Já a inclusão da propriedade produtiva é mais complexa e tem dado margem a interpretações equívocas.

Três interpretações são possíveis: a primeira, literal e descontextualizada, é de que toda propriedade que atinja limites mínimos de produção de riquezas é insuscetível de desapropriação, mesmo que não cumpra a função social; a segunda, a que a propriedade produtiva que não cumpre a função social sequer pode ser desapropriada, deve seguir a linha das produtoras de psicotrópicos e uso de trabalho escravo e ser expropriada sem pagamento de indenização; e, a terceira, de que no conceito de produtividade está embutido o conceito de função social, quer dizer que só pode ser produtiva uma gleba que cumpra todos os requisitos da função social e, portanto, merece um prêmio. A produtividade, para a Constituição, tem que ser mais do que o cumprimento da função social, não pode se confundir com rentabilidade nem com lucratividade. Tem que ser muito mais do que os quatro elementos da função social para incluir um interesse social, como, por exemplo, a produção de alimentos que garantam a segurança e soberania alimentar da região.

Esta última interpretação contém duas razões muito fortes: confirma todo o sistema constitucional que protege o meio ambiente ecologicamente equilibrado para as presentes e futuras gerações e está sugerida no parágrafo único do próprio artigo 185, que determina a emanação de uma lei estabelecendo "tratamento especial à propriedade produtiva, onde estarão fixadas as normas para o cumprimento dos requisitos relativos a sua função social". Tratamento especial há de ser incentivo e proteção e, inclusive, o estabelecimento de normas, partindo do parâmetro da produtividade sustentável, para o cumprimento dos requisitos da função social. Assim, pela definição constitucional, produtivas são as terras que além de cumprir a função social, criam riquezas não somente para o presente, mas que possam continuar sendo produzidas no futuro. Não haveria nenhum sentido afirmar que as normas para o cumprimento da função social da propriedade produtiva seriam diferentes ou menores do que a estabelecida na constituição para todas as propriedades rurais. Em 1993 foi emanada a Lei nº 8.629, de 25 de fevereiro, insuficiente, provavelmente por imposição dos latifundiários, porque conceitua a propriedade produtiva como aquela que é explorada econômica e racionalmente atingindo graus de utilização da terra e de eficiência na exploração segundo índices fixados pelo Poder Público, não se referindo ao cumprimento da função social nem mesmo à sustentabilidade. Não afirma nem nega que produtivas somente podem ser consideradas as terras que cumpram a função social, com isso permite que interpretações conservadoras continuem a desconsiderar a função na produtividade e a sustentabilidade, permitindo que o Poder Público, ao estabelecer os índices, dê valor somente à rentabilidade e lucratividade mínima da terra.

Caso a Constituição desejasse excepcionar as terras rentáveis de programas de Reforma Agrária mesmo quando não cumprissem sua função social, o diria com todas as letras, deixando claro tratar-se de uma exceção. A interpretação de que qualquer produtividade, independentemente do cumprimento da função social, torna uma terra insuscetível de desapropriação para fins de Reforma Agrária faz da exceção regra. A regra então seria: as terras não produtivas podem ser desapropriadas para fins de Reforma Agrária. Todos os outros requisitos e a própria ideia de função social seriam inúteis, escritas apenas para embelezar a folha de papel chamada Constituição. Esta é a pior interpretação possível, porque é contra os interesses da sociedade, vilipendia a Constituição e mantém incólume a estrutura do latifúndio seguindo a tradição das sesmarias e do século XIX no Brasil. Na realidade é escolha de dispositivos constitucionais isolados, omitindo a relação e o sentido geral do capítulo e do todo constitucional. É uma escolha ideológica porque exclui de aplicação todos os dispositivos que enfraqueçem a propriedade privada absoluta.

A interpretação de que está excluída da desapropriação qualquer terra que alcance índices de produtividade confundida com rentabilidade ou lucratividade significa que quem destrói o meio ambiente, usa trabalho em desacordo com as leis trabalhistas, ou age sem causar bem-estar só descumpriria a função social se estas ilegalidades não fossem rentáveis. Como a destruição do meio ambiente, o descumprimento das leis trabalhistas e ação causadoras de mal-estar são praticadas exatamente para aumentar o lucro ou renda do proprietário, a interpretação reduz a função social ao lucro individual, portanto deixa de ser social. A potência da palavra "social", tão importante no texto constitucional, é deixada de lado para reintroduzir, pela interpretação indevida, o caráter individual da propriedade.

Apesar disso, o Poder Público Federal, o Poder Judiciário e a Doutrina conservadora têm mantido este entendimento que gera intencionalmente três confusões falaciosas: 1) qualquer lucratividade da terra a torna produtividade, afirmando que desde que cumpra os índices oficiais não importa o cumprimento das outras condições da função social; 2) toda terra que tenha um título de propriedade é protegida pelo direito, mesmo a que não cumpra, por omissão ou ação, a função social, de tal sorte que toda ocupação de terra por não proprietário é criminalizada como esbulho à coisa protegida; 3) a terceira falácia é um sistemático, cruel e desumano, esquecimento voluntário de todos os princípios, objetivos e direitos fundamentais estabelecidos na Constituição, tentando fazer convencer ao povo de que a propriedade privada é o único, o mais importante, sagrado direito, e que todos os outros são apenas sonhos, esperanças, quimeras e desejos inalcançáveis. Para fazer valer estas falácias já não aceitas pelo povo, o sistema latifundiário usa toda a inteligência dos intérpretes, a astúcia dos políticos e a brutalidade da polícia pública e dos exércitos privados, reprimindo o grito de esperança que teimosamente surge no horizonte. É a eterna luta do velho contra o novo que sempre acaba por se impor e que por isso mesmo alimenta a esperança de um mundo possível, para todos, e justo.

Desapropriação sanção?

Os Tribunais brasileiros têm admitido, sem muito questionamento, que as desapropriações por descumprimento da função da propriedade é uma sanção e como tal tem sido analisada e julgada[131]. A doutrina especializada não tem enfrentado esta discussão mais detidamente, daí a importância de buscar um aprofundamento, porque a consequência deste entendimento tem trazido ainda maior dificuldade para o Estado promover a Reforma Agrária. Se é verdade que se trata de uma sanção, caberá

---

[131] DJ 28-04-1995 PP-11134 – EMENT. VOL-01784-02 PP-00341 e DJ 17-11-1995 PP-39206 – EMENT. VOL-01809-05 PP-01155, entre outras.

aos Tribunais verificar a exata ocorrência do tipo punível, deixando de ser uma prerrogativa do Estado a avaliação e oportunidade de resolver um interesse social.

Além de um primeiro aspecto, que é a natureza da desapropriação: será ela uma sanção ou será uma faculdade do Poder Público para ordenar a propriedade da terra, isto é, ela tem natureza de sanção ou de instrumento de política pública? Há um segundo, quase consequência do primeiro, mas não menos importante, que é o valor que resta para ser indenizado pela desapropriação quando uma propriedade é nociva socialmente. É claro que haverá critérios diferentes se se trata de uma sanção ou de um instrumento de política pública.

A desapropriação é irmã siamesa da propriedade moderna. Quando as Constituições, no início do século XIX, criaram os Estados modernos, estabeleceram a inviolabilidade ou intocabilidade da propriedade e, por isso, instituíram a desapropriação. A garantia do direito de propriedade absoluta sempre é acompanhada pela exceção chamada de desapropriação, que é a possibilidade do Estado de ordenar ou reordenar a propriedade do cidadão e a propriedade de todos. A leis civis repetem as normas constitucionais, desde o Código Napoleão, o Código Civil dos Franceses, de 1804: "art. 544 – A propriedade é o direito de fazer e de dispor das coisas do modo mais absoluto, ..." e a seguir, "art. 545 – Ninguém pode ser constrangido a ceder a sua propriedade, a não ser por motivo de utilidade pública e mediante uma justa e preliminar indenização" (na tradução de Souza Diniz). Assim era desde o tempo do Estado não interventor, por isso, só mais tarde se criaria o conceito de interesse social, quando o Estado passou a intervir na ordem econômica e estabelecer e exercer políticas públicas.

Esta forma de entender a propriedade era perfeitamente compatível e coerente com a divisão dos bens entre públicos e privados que construiu a modernidade. A propriedade em geral é adquirida pelo contrato, como expressão da vontade, as exceções da aquisição ou perda sem contrato são as relações de uma parte só: a acessão, a invenção, o achado e seus diretamente contrários. O que caracteriza a propriedade pública, porém, não é contrato, mas o uso. Isto é, o princípio da modernidade é de que todas as coisas, e coisa é algo que tem valor, patrimonializável, devem ser privadas, salvo as de uso público. Por isso os bens públicos são "de uso comum do povo", "de uso especial", e não nascem necessariamente de um contrato, mas do próprio uso ou de sua necessidade, por isso a desapropriação, na sua origem, é para o uso do Estado por interesse ou necessidade. A desapropriação é, assim, o pagamento indenizatório pelo uso comum ou especial que o povo ou o Estado dele faça do bem do cidadão.

Esta ideia está fundada sistema econômico da modernidade. Os bens, as coisas, são produzidos, comprados ou vendidos com o fim de acumulação de riquezas. Não é o mesmo com o Estado. O Estado só compra para usar, seja uma terra, seja uma folha de papel. Quando o Estado pode comprar por meio de contrato, o faz, quando é impossível por qualquer razão, especialmente quando o proprietário não quer vender, desapropria. Esta é a lógica.

Pois bem, a desapropriação, portanto, se dá sempre e quando o Poder Público necessita a propriedade do cidadão para sua utilidade. Ocorre que, no começo do século XX, houve uma reordenação do Estado e da ordem econômica de tal grandeza que o Estado passou a ter que intervir na ordem social e econômica, promovendo o que veio a se chamar políticas públicas. Surgiu, então, para além da utilidade e necessidade públicas, o interesse social. Esta nova realidade impôs uma nova desapropriação que não era para o uso público, especial ou comum do povo, mas no qual o Estado adquire o bem como bem dominical e pode ceder, transmitir, vender a outros particulares, em condições que considere socialmente adequadas. Passou a se chamar desapropriação por interesse social.

Não foi a lógica da desapropriação que foi rompida, foi a ampliação das atividades do Estado. Ainda que o objeto e a finalidade da desapropriação por interesse social possam ser diferentes dos fundados na utilidade e necessidade públicas, o instituto jurídico é o mesmo. O que significa dizer que são ferramentas na mão do Estado para proporcionar o ordenamento dos bens a serem desapropriados, seja para uso do Estado ou do povo, seja para uma finalidade específica como a transferência a novos proprietários ou usuários que lhe deem um destino mais adequado socialmente. A desapropriação por interesse social para fins de Reforma Agrária é uma espécie destas desapropriações, uma das ferramentas de ordenamento territorial.

Portanto, qualquer terra privada pode ser desapropriada para atender a utilidade ou necessidade pública ou um interesse social específico, pelo preço justo, com pagamento prévio, em dinheiro. A Constituição de 1988 estabeleceu que, na desapropriação por interesse social para fins de Reforma Agrária, o pagamento prévio poderia ser feito em títulos públicos. Se as outras espécies de desapropriação não são sanções porque esta o seria? A única diferença entre elas é que há o pagamento em títulos públicos. A diferença entre títulos públicos e dinheiro é que os títulos públicos não impactam no orçamento público que deve ser rígido. Ambos são ativos patrimoniais líquidos, muito mais líquidos que a propriedade da terra, tendo os títulos rentabilidade garantida. Seria, assim, uma sanção exageradamente leve para o descumprimento de uma regra constitucional.

Por outro lado, Constituição Federal criou, de fato, uma sanção para a propriedade rural que for utilizada no cultivo de psicotrópicos, segundo ao artigo 243. Estas propriedades devem ser expropriadas sem indenização ao proprietário infrator. No caso dos psicotrópicos há uma obrigação do Poder Público em expropriá-la, porque se trata de uma efetiva sanção; e para isso o devido processo legal. No caso do não cumprimento da função social há apenas a possibilidade de desapropriação, porque o proprietário pode corrigir a ilegalidade, isto não é uma sanção. No primeiro caso é obrigação do Poder Público punir o criminoso que usa a terra para produção de psicotrópicos proibidos, no segundo, há uma hipótese do proprietário corrigir o seu desvio e fazer com que a terra cumpra a função social, elidindo a situação antijurídica. As sanções à propriedade que não cumpre a função social são aquelas relativas a crimes ambientais, como multas, perdas de liberdade, etc., aplicadas a proprietários infratores, a violação do direito trabalhista, etc. A desapropriação por interesse social para fim de Reforma Agrária somente ocorrerá se e quando a propriedade estiver integrada à política estatal de Reforma Agrária. Se fosse uma sanção toda propriedade que descumprisse a função social deveria ser desapropriada, independentemente de servir à política pública de Reforma Agrária.

Desta forma, outras são as consequências jurídicas do descumprimento da função social da propriedade além da desapropriação, que é apenas um instrumento do Poder Público Federal.

A quase solução do Código Civil: uma desapropriação judicial?

Catorze anos depois da Constituição Federal, em 2002, entrou em vigor no Brasil um novo Código Civil que deveria atualizar o Código de 1916 que já havia envelhecido pelas muitas Constituições que regeram o Brasil no século. A grande novidade para a propriedade privada trazida pela Constituição em 1988 era a restrição imposta pela função social combinada com os princípios de redução das desigualdades e erradicação da pobreza.

As alterações havidas, porém, foram muito mais tímidas do que as possibilidades que as portas abertas pela Constituição sugeriam. O sistema proprietário se manteve de tal forma que somente a interpretação poderia ampliá-lo ou reduzi-lo. Mais uma vez a propriedade da terra dependia de interpretação dos Tribunais e dos juristas. O novo Código não alterou a possibilidade deretomada da propriedade das mãos de quem a faz cumprir a função social não sendo proprietário. Ao contrário, manteve como faculdade do proprietário reaver a coisa de quem injustamente o possua, acrescentando, "ou detenha", equiparando para este fim a detenção à posse. Isto é, dando maior destaque e status jurídico à detenção em geral chamada de 'mera' detenção nos tratados jurídicos, desde que haja boa vontade na interpretação. Além disso, troca a palavra "direito" por "faculdade", o que também favorece a boa interpretação. O Código de 1916 estabelecia que o proprietário tem o direito de reaver o bem, enquanto o de 2002 dispõe que o proprietário tem a faculdade de reaver. Esta diferença terminológica, por si só deveria proporcionar uma interpretação que diminuísse o poder individual do direito de propriedade e ampliasse sua função social. Apesar desta diferença, nem os Tribunais, nem a doutrina civilista majoritária, nem o legislativo mudaram de entendimento e a poderosa propriedade do começo do século XX se manteve intacta.

A redação do artigo 1.228, do Código Civil, do século XXI[132], traz promessas de redução de sacralidade da propriedade privada, especialmente da terra, mas sua aplicação ficou muito aquém da constitucional função social da propriedade. Especialmente os §§ 4º e 5º sofrem dificuldades enormes de aplicação a casos concretos, apesar de poderem realizar, em parte, os dispositivos relativos à função social. Assim está disposto todo o artigo todo:

> Art. 1.228. O proprietário tem a faculdade de usar, gozar e dispor da coisa e o direito de reavê-la do poder de quem quer que injustamente a possua ou detenha.
> § 1º. O direito de propriedade deve ser exercido em consonância com suas finalidades econômicas e sociais e de modo que sejam preservados, de conformidade com o estabelecido em lei especial, a flora, a fauna, as belezas naturais, o equilíbrio ecológico e o patrimônio histórico e artístico, bem como evitada a poluição do ar e da água.
> § 2º. São defesos ao proprietário quaisquer atos que não trazem ao proprietário qualquer comodidade, ou utilidade, e sejam animados com a intenção de prejudicar outrem.
> § 3º. O proprietário pode ser privado da coisa, nos casos de desapropriação, por necessidade ou utilidade pública ou interesse social, bem como no caso de requisição no caso de perigo público iminente.
> **§ 4º. O proprietário também pode ser privado da coisa se o imóvel reivindicado consistir em extensa área, na posse ininterrupta e de boa-fé, por mais de cinco anos,**

---
[132] Código Civil Brasileiro, Lei nº 10.406, de 10 de janeiro de 2002.

> de considerável número de pessoas, e estas nela houverem realizado, em conjunto ou separadamente, obras e serviços consideradas pelo juiz de interesse social e econômico relevantes.
> § 5º. No caso do parágrafo anterior, o juiz fixará a justa indenização devida ao proprietário; pago o preço, valerá a sentença como título para o registro de imóvel em nome dos possuidores.

Bastaria a leitura deste dispositivo para o entendimento de que há uma nova conformação da propriedade privada no Brasil. Entretanto, este artigo não é isolado, não é uma ilha, e está perfeitamente adequado à sistemática da Constituição de 1988, às leis de proteção social e ambiental e demais leis de políticas públicas, como meio ambiente, desenvolvimento urbano, reforma agrária, diminuição das diferenças sociais, erradicação da pobreza, segurança alimentar, direito à moradia, etc. O sistema garante a propriedade privada da terra, mas estabelece deveres e proibições aos seus titulares (§§ 1º e 2º) assim como subordina seu exercício e manutenção ao interesse e necessidades sociais, coletivas e públicas (§§ 3º, 4º e 5º). Entretanto, a aplicação continua como se a propriedade, que já era velha em 1916, não tive sido renovada em 1988 e 2002.

O dispositivo introduzido no sistema jurídico brasileiro pelo § 4º ainda carece de aprofundamento teórico e aplicabilidade jurisprudencial. O dispositivo é ainda visto com desconfiança pelos juízes e teóricos, mas é claro que é perfeitamente condizente com a ideia de propriedade da terra abraçada pela Constituição Federal de 1988 e os reconhecimentos havidos em tratados internacionais assinados pelo Brasil, no sentido de que a propriedade da terra tem que alcançar uma finalidade social e ambiental para garantir a vida dos seres humanos no planeta, principalmente os tratados de direitos humanos, direitos à alimentação, direitos econômicos e sociais, de proteção da natureza e dos povos tradicionais.

O parágrafo dispõe mais uma restrição ao direito de propriedade da terra, que é sua perda. O que está restringido aqui é exatamente o direito de reaver de quem a possua ou detenha. Da análise sistemática se pode concluir que, cumpridas as condições estabelecidas no § 4º, não é injusta a ocupação ou detenção.

As áreas não ocupadas por seus proprietários geram ocupações chamadas desordenadas ou espontâneas que fazem com que a terra, urbana ou rural, cumpram sua função social.

Assim, como exigência da ordem social e constitucional, havia necessidade de se criar uma usucapião coletiva, tendo em vista que a alternativa que o Código Civil do século XX oferecia apenas a usucapião individual, na qual cada ocupante, por si, haveria de cumprir as condições e o tempo para adquirir o imóvel. A solução individual além de cara é muito trabalhosa, demorada e incerta.

Antes mesmo do Código Civil ser publicado em 2002, a Lei nº 10.257, de 10 de julho de 2001, conhecida como Estatuto da Cidade, criou a usucapião coletiva para terrenos urbanos no artigo 10 e seguintes, dando como solução jurídica a criação de um condomínio aos ocupantes usucapientes. A solução que o sistema jurídico produziu nesta lei de 2001 e que teve a redação melhorada pela Lei nº 13.465/17 tinha finalidades urbanas exclusivamente, mas indicava nova restrição ao caráter absoluto da propriedade imóvel e caminhos para o cumprimento da função social da propriedade urbana.

Embora esta discussão tenha havido durante a elaboração do Código Civil, em sua redação final aprovada não foi reproduzida nem mesmo a usucapião coletiva urbana e muito menos foi estendida, como era de se esperar, ao meio rural. Omitiu-se o Código Civil. Ao invés disso, foi criado um novo instituto que Miguel Reale, autor da Exposição de Motivos que acompanhou o projeto encaminhado ao Ministro da Justiça, chamou de "desapropriação judicial", com temor de que ele fosse comparado à usucapião. O nome que foi atribuído pela Exposição de Motivos, e que não constou da lei, pode ser discutido teoricamente, como o fazem alguns autores e comentaristas, mas indica o fato de que não há perdimento da propriedade anterior sem pagamento, como ocorre na usucapião, mas apenas uma espécie de venda compulsória, determinada e valorada pelo juiz.

Na realidade, o instituto é uma estranha venda compulsória porque se houver acordo entre proprietário e ocupantes para o pagamento do preço é uma singela compra e venda, em não havendo acordo, seja por negativa do proprietário ou dos ocupantes, poderá haver a compra e venda forçada, mediada pelo Poder Judiciário. Está claro que a solução do Código é um arranjo das elites proprietárias para não admitir a usucapião coletiva. Só não é uma usucapião coletiva porque há arbitramento do preço.

Independentemente do *nomen iuris* que se dê ao instituto, o fato é que foi criado como uma novidade pelo Código Civil e corresponde às necessidades do Direito do Século XXI que vem introduzindo nas constituições uma maior importância jurídica às necessidades coletivas da sociedade, ao contrário da orientação anterior, de corte puramente individualista, que atribuía valor absoluto ao título formal e abstrato da propriedade, sem indagar da situação social concreta. O crescimento das populações, a necessidade de aumentar a produção de alimentos, a dramática crise ambiental que se agiganta, a tragédia social dos despossuídos nos campos e nas cidades, exige que a sociedade dê à terra, urbana ou rural, a utilização mais conveniente às necessidades da humanidade e da natureza.

Apesar disto, o instrumento criado é a favor da propriedade privada individual, já que exige indenização. A usucapião coletiva deveria ter sido usada por ser muito mais coerente com o sistema constitucional que não incentiva o não uso da propriedade urbana ou rural.

Mesmo assim, o instituto, apesar de tímido, veio para realizar uma determinação constitucional, aliás, para realizar alguns princípios da Constituição de 1988, como o da função social da propriedade, inserido não apenas no rol dos direitos e garantias do artigo 5º, como elevado a princípio da ordem econômica. As interpretações judiciais do instituto, porém, têm sido desfavoráveis ao seu desenvolvimento e três questões principais têm entravada a sua aplicação.

A primeira questão é a exigência de boa-fé. O estabelecido no artigo 1.201, do Código Civil, considera boa-fé a posse na qual o possuidor ignora o vício ou o obstáculo que impede a aquisição da coisa, mas os ocupantes coletivos sempre conhecem o vício ou obstáculo que os impedem de adquirir a coisa, ou, se não os conhecem especificamente, sabem de sua existência, porque o obstáculo de adquirir o domínio é, exatamente, a existência da propriedade privada alheia, ou, a proibição de ocupação de terrenos públicos. Este é o sentido exato que nos apresenta Gustavo Tepedino:

Se for dada uma interpretação literal ao dispositivo, será difícil caracterizar a boa-fé subjetiva, ou seja, o desconhecimento do vício possessório, nas situações ali descritas. A interpretação há de ser, aqui, evolutiva, expandindo-se a noção de boa-fé e ampliando-se a legitimidade dos títulos para este efeito.[133] Se a aplicação pura e simples do artigo 1.201 anula a aplicação do artigo 1.228, §§ 4º e 5º, fica óbvio que é necessário ao jurista e ao juiz encontrar a solução adequada para que nenhum dos dois dispositivos seja violado. Este dispositivo privilegia o trabalho ou como está expresso na Exposição de Motivos do Código, da lavra do jurista Miguel Reale, "o novo conceito de posse, que se poderia qualificar como *posse-trabalho*", portanto, há que se entender o conceito de boa-fé vinculada a esta ideia. A posse-trabalho ou, como dizia a Lei de Terras de 1850, a morada habitual e a cultura efetiva, gera, ou pode gerar propriedade, certo direito à aquisição da propriedade, portanto, deste ponto de vista os assim ocupantes não só ignoram o vício ou obstáculo, como acreditam que podem vir a adquirir o domínio, caracterizando a boa-fé.

A posse, como estatuída no livro Título I, do Livro III do Código Civil, tem um caráter individual, enquanto a do artigo 1.228, § 4º, tem caráter coletivo. O que muda aqui é exatamente a subjetividade. Uma coisa é a avaliação da subjetividade individual outra é a formação da subjetividade coletiva. Coletivamente, quando um grupo considerável de pessoas ocupa uma terra e nela passa a produzir, morar e viver, nela investindo o pouco, quase nada que tem, fruto exclusivo do trabalho da família, sem qualquer outra opção de vida, deposita toda sua esperança na

---

[133] TEPEDINO, Gustavo. Os direitos reais no novo código civil. In: **Revista da Escola da Magistratura do Rio de Janeiro.** Rio de Janeiro: EMERJ, Caderno Especial, 2003. p. 173.

continuidade dessa posse, desacreditando e ignorando eventuais vícios ou obstáculos jurídicos que impeçam a obtenção, não exatamente da propriedade, mas do direito de estar e trabalhar aí. Esta esperança social, coletiva, somada ao trabalho da construção e manutenção da moradia e lavoura produtiva, é o que caracteriza a boa-fé coletiva dos ocupantes.

É este o sentido do enunciado 309, da IV Jornada de Direito Civil, do Conselho da Justiça Federal, realizado em 2006: "Enunciado 309 – Art.1.228. O conceito de posse de boa-fé de que trata o art. 1.201 do Código Civil não se aplica ao instituto previsto no § 4º do art. 1.228."[134]

Desta forma, a boa-fé reclamada no artigo 1228 há de ser o estar no imóvel na sadia ação de promover a sua função social, sendo, no caso rural, muito apropriado entender a posse como posse agrária qualificada pela morada habitual e cultura efetiva e, no urbano, pela moradia.

A segunda questão é em que processo isso pode ser decidido. O artigo 1228, § 4º, se refere ao imóvel como "imóvel reivindicado", o que tem levado ao equívoco de se entender que apenas em ações reivindicatórias teria cabimento. Assim decidiu o Tribunal de Rondônia: "A desapropriação judicial somente se pode dar em ação dominial"[135].

Entretanto, não pode ser este o entendimento. Sempre que houver resistência do proprietário ou dos ocupantes em vender

---

[134] Justiça Federal. Jornadas de Direito Civil I, III, IV e V Enunciados Aprovados. Disponível em: <https://www.cjf.jus.br/cjf/corregedoria-da-justica-federal/centro-de-estudos-judiciarios-1/publicacoes-1/jornadas-cej/EnunciadosAprovados-Jornadas-1345.pdf>. Acesso em: 11 de set. 2020.
[135] BRASIL. Tribunal de Justiça de Rondônia. Apelação Cível nº 102.002. Órgão Julgador: 1ª Câmara Cível. Relator: Desembargador Kiejochi Mai. (Data de Julgamento: 10/07/2007).

ou adquirir a área cabe a aplicação do dispositivo, assim, seu uso, tanto pode se dar em ação possessória como em ação reivindicatória, aliás não seria razoável nem constitucional que não se admitisse que a decisão poderia se dar em ação própria. Esse é o entendimento de Nelson Nery Junior "Presentes os requisitos da desapropriação judicial pela posse-trabalho, os possuidores poderão defender-se (exceção da desapropriação judicial) ou ajuizar ação autônoma ou incidental[136]"

A razão de ser da expressão "imóvel reivindicando" no corpo do artigo 1.228, § 4º, do Código Civil, deve ser entendida porque só é possível haver pagamento do preço que houver prova inequívoca da propriedade de quem alega, tal qual na desapropriação.

A terceira questão é quem paga a conta. A construção deste instituto pelo Código Civil, como se vê, de tanto proteger o sistema proprietário acabou por não resolver alguns problemas básicos do direito. A desapropriação historicamente tem a iniciativa do Poder Executivo porque é do orçamento deste Poder que haverá de sair o pagamento do preço. Já a usucapião é historicamente gratuita porque se trata de uma perda da propriedade, semelhante ao abandono e uma aquisição, como a descoberta. O caráter híbrido deste novo instituto não se resolve nem por um lado nem por outro. Apesar de não usar a terra, não fazê-la cumprir a função social, o proprietário não admite perdê-la e o Código Civil, com este instituto, embora reconheça a perda da propriedade da terra pelo proprietário que não a usa, o ajuda a recuperar seu valor econômico patrimonial.

O dispositivo legal não deixa claro quem paga para que o proprietário não perca o que já perdera. À primeira vista parece

---

[136] NERY JUNIOR, Nelson. NERY, Rosa Maria de Andrade. **Comentários ao Código Civil e Legislação extravagante.** São Paulo: RT, 2005.

ser os próprios ocupantes, por isso a pressa em descaracterizar o instituto como espécie de usucapião. Mas, na qualidade de instituto de ordem social, que busca solucionar problemas de ocupações "irregulares" ou "desordenadas", não é de se esperar que os próprios ocupantes disponham de recursos suficientes para pagar o preço estipulado. Por outro lado, a lei não oferece ao juiz indicativos de como deve arbitrar o valor, a interpretação acaba indicando o valor de mercado, como na desapropriação, o que reafirma a impossibilidade dos ocupantes em realizá-lo. E, na impossibilidade de pagar o preço, perderia eficácia a chamada desapropriação judicial? A importância social do instituto merece melhor sorte e parece óbvio que a solução mais adequada é entender o instituto como uma verdadeira desapropriação por interesse social e determinar que o Poder Público pague a conta e entregue aos ocupantes segundo as regras usadas para a Reforma Agrária ou para o acesso a moradia urbanas.

Os territórios de vida

O capitalismo no campo tem aprofundado a destruição da natureza e expulsão das gentes. Se a implantação do colonialismo exigia a massiva concentração de mão de obra, que afinal se revelava no escravagismo, o capitalismo contemporâneo reduziu ao máximo a participação de trabalhadores do campo. O uso intensivo de maquinários de grande porte, de agrotóxicos que servem de adubo e biocidas, de sementes especializadas em conviver com venenos, especialmente as transgênicas, vem transformando a agricultura em desertos verdes, sem bichos, sem plantas, sem gente, sem nascentes de água. São territórios de morte donde toda a vida fica proibida de ingressar. São grandes, imensas, quase infinitas plantações de dinheiro.

Nesta circunstância, a função social da terra ganha uma dimensão de vida ou morte. Não se trata mais de produzir, mas do quê e de como produzir. Por isso, no conceito de função social se reconhece que a produção deve ser adequada e racional. As palavras "adequada" e "racional" não são vazias, ao contrário, carregam uma potência natural e humana. Adequada deve ser entendida como adequada à vida, que não promova a extinção de espécies, que seja compatível com a existência e siga as leis da natureza e racional diz respeito à humanidade, que deve ser capaz de entender as suas necessidades e as necessidades dos outros seres da natureza. É exatamente por isso que exige a utilização adequada dos recursos naturais disponíveis e a preservação do meio ambiente, que não é senão os elementos e as vidas da natureza, por isso, não há utilização adequada se diminui a água, aumenta a temperatura e altera o clima, extingue espécies. Além deste cuidado com a natureza, a função social se dirige diretamente aos seres humanos ao exigir que haja trabalho que garanta aos trabalhadores vida saudável para si e sua família, segundo regras justas que se afastem da servidão e escravidão. Mas não apenas isso, que favoreçam o bem-estar das pessoas envolvidas nessa produção.

Assim dito, parece muito claro que a produção capitalista no campo, baseada na grande extensão de terra, maquinaria pesada e incompatível com a vida diversa que existe na terra, com a fartura química sintética e tóxica que condena à morte todos os seres não preparados, e sementes, mudas e cultivares que se afastam tanto da natureza que passam a agredi-la, não cumpre nem faz cumprir a função social da terra. Porque, seriamente observado, a função social da terra somente se pode cumprir em territórios que homenageia a vida. E a homenagem à vida é convivência com bichos, plantas e humanos. E se melhor apurarmos o foco, as grandes extensões de terras produtoras de dinheiro só podem continuar produzindo enquanto em outra parte, de outro modo, outras gentes produzam alimentos e se reproduzam enquanto natureza. Mas as grandes extensões de território de morte avançam sobre os territórios de vida. Até que um dia, já não haverá mais vida!

CONCLUSÃO

1. A transformação da terra em propriedade privada absoluta e individual foi uma criação da modernidade europeia, portanto, histórica, recente e datada, espalhada pelo colonialismo ao resto do mundo. É uma construção teórica excludente que foi levada à prática como princípio de dominação de uns sobre outros, sobrevivendo à energia e vontade de maiorias, inclusive a revoluções e guerras. Corresponde ao mercantilismo e ao capitalismo e sua expansão.

2. A imposição da propriedade privada frustrou anseios de liberdade tanto dos trabalhadores como dos povos da América Latina, por isso sempre ficou como uma trava amarga na garganta dos povos. No século XX, quando as revoluções libertárias passam a ser possíveis houve, como contraposição, a tentativa de humanizar a propriedade privada, seu uso e o sistema econômico que a sustenta. Foi introduzido em seu conceito a produtividade sob a alegação social de que a propriedade da terra é responsável por erradicar a fome.

3. A produtividade foi estendida a qualquer produção e não à produção de alimentos. Não diminuiu a fome no planeta e aumentou a desigualdade social limitando ainda mais o acesso dos povos à terra, havendo maior pressão sobre os povos tradicionais e sobre a natureza.

4. A produtividade da terra, nos sistemas jurídicos que protegem o meio ambiente e buscam o desenvolvimento sustentável, somente pode ser entendida como um processo permanente, isto é, não pode ser considerada produtiva a terra que esgota os re-

cursos naturais a ela associados e inviabiliza ou dificulta seu uso pelas gerações futuras.

5. A terra, nos sistemas jurídicos do bem-estar social, deve cumprir uma função social que garanta os direitos dos trabalhadores, do meio ambiente e da fraternidade. A obrigação de fazê-la cumprir é do titular do direito de propriedade, que perde os direitos de proteção jurídica de seu título caso não cumpra, isto é, ao não cumprir não pode invocar os Poderes do Estado para proteger esse direito em abstrato. Dito de outra forma, não há direito de propriedade para quem não faz a terra cumprir sua função social.

6. Por outro lado, aquele que faz a terra destinada ao uso privado cumprir sua função social tem direito a ela e a seus frutos, ainda que proprietário não seja, sem que o eventual titular do direito possa invocá-lo contra o uso dado. Aqueles que vivem na terra coletivamente segundo seus usos costumes e tradições têm direito a continuar vivendo e a ter sua terra protegida de acordo com seus desígnios.

7. Ao contrário de cometer ato ilícito, aquele que ocupa uma terra que não está cumprindo sua função social, para fazê-la cumprir, age de acordo com a lei e o interesse social, merece prêmio, não sanção.

8. Uma terra privada não usada e que pode ou deve servir de proteção natural, seja para flora, fauna, clima ou outra função ambiental, o poder público pode fazer dela uma unidade de conservação sem nenhuma necessidade de indenização, já que não tem proteção jurídica porque não cumpre a função social. A indenização somente tem cabimento se o Poder Público for distribuí-la para uso produtivo.

9. Estas conclusões são possíveis na análise de sistemas jurídicos capitalistas nos quais os direitos coletivos se sobrepõem aos individuais, como o brasileiro, especialmente os direitos coletivos difusos como sobre o meio ambiente ecologicamente equilibrado e os direitos coletivos de povos e comunidades. O uso adequado da terra (fazendo-a cumprir sua função social) e sua manutenção como área de proteção são imperativos coletivos, protegem a biodiversidade e a sociodiversidade e por isso devem ser premiadas pelo sistema.

Curitiba, agosto de 2002.

Revisto, atualizado e ampliado em janeiro de 2021.

BIBLIOGRAFIA

ALIBRANDI, Tomaso & FERRI, Piergiorgio. **I beni culturale e ambientale.** Milano: Giuffrè Editore, 1978

ANTONCICH, Ricardo & MANUARRIZ SANS, José Miguel. **Ensino social da Igreja.** Petrópolis : Vozes, 1986

ARNAIZ AMIGO, Aurora. **Soberania e potestad:** de la soberania del pueblo, de la potestad del estado. 2ª ed. México: Porrúa, 1981.

BENEVIDES MELO, Guillermo. La función social de la propriedad en la Constitución y la ley. In: **Revista de Derecho y Reforma Agraria.** n° 18/ 1988. Instituto Iberoamericano de Derecho Agrário: Mérida. p. 101-115

BLUCHE, Frédéric, RIALS, Stéphane & TULARD, Jean. **A revolução francesa.** Rio de Janeiro: Zahar, 1989.

BODIN, Jean. **Los seis libros de la república.** 2 volumes. Madrid: Centro de Estudios Constitucionales, 1992.

BÓRQUEZ BUSTOS, Rodolfo; ALARCÓN MEDINA, Rafael et BAZILIO LOZA, Marco Antonio. **Revolução Mexicana**: antecedentes, desenvolvimento, consequências. São Paulo: Expressão Popular, 2008.

BORRERO NAVIA, José Maria. **Los Derechos ambientales:** una visión del sur. Cali, Colômbia: FIPMA, 1994.

BRASIL. Código Civil Brasileiro, Lei nº 10.406, de 10 de janeiro de 2002.

BRASIL. Código Florestal de 1934, Decreto nº 23.793, de 26 de fevereiro de 1934 (revogado).

BRASIL. Decreto 6.040, de 7 de dezembro de 2007,

BRASIL. Decreto-Lei nº 25, de 30 de novembro de 1937.

BRASIL. STF. Ação Direta de Inconstitucionalidade Nº 3239.< http://www.stf.jus.br/portal/cms/verNoticiaDetalhe.asp?idConteudo=369187>. Acesso em: dez. de 2019.

BRASIL. Tribunal de Justiça de Rondônia. Apelação Cível nº 102.002. Órgão Julgador: 1ª Câmara Cível. Relator: Desembargador Kiejochi Mai. Data de Julgamento: 10/07/2007).

BUSCEMA, Salvatore. **Patrimonio pubblico.** Milano: Giuffrè Editore, 1976.

CANOTILHO, J.J. et alii. **Comentários à Constituição do Brasil.** 2ª ed. São Paulo: Saraiva, 2018.

CAPPELLETTI, Mauro. **Juízes Legisladores?** Porto Alegre: S.A. Fabris, 1993.

CARNEIRO, Glauco. **História das revoluções brasileiras.** 2ª ed. Rio de Janeiro: Record, 1989.

CASANOVA, Ramon Vicente. Un nuevo perfil de la función social de la propriedad de la tierra. In. **Revista de Derecho y Reforma Agrária.** n° 18/ 1988. Instituto Iberoamericano de Derecho Agrario. Mérida: Venezuela. p.11-25.

CASAS, Frei Bartolomé de Las. **Brevíssima relação da destruição das índias.** O paraíso perdido. 4ª Ed. Porto Alegre: L&PM, 1985.

CASAS, Frei Bartolomé de Las. **Los indios de México y Nueva España.** 7a. ed. México: Editorial Porrúa, 1993. p.225.

CASAS, Frei Bartolomé de Las. **Obra indigenista.** Madrid: Alianza Editorial, 1985.

CASAS, Frei Bartolomé de Las. Princípios para defender a justiça dos índios. In: SOUZA FILHO, C. F. Marés de (org.). **Textos Clássicos sobre o Direito e os Povos Indígenas.** Juruá: Curitiba, 1992.

CHONCHOL, Jacques. The peasants and the Bureaucracy in Chile Agrarian Reform. In.: NASH, June; DANDLER, Jorge; HOPKINS, Nicolas S. **Popular Participation in Social Change:** Cooperatives, Collectives, and Nationalized Industry. Paris: Mouton Publishers The Hague, 1976.

CLASTRES, Pierre. **A sociedade contra o estado:** pesquisa de antropologia política. Rio de Janeiro: Francisco Alves, 1978. p.153.

CLAVERO, Bartolomé. **Propriedad como libertad:** declaración del derecho de 1812. Madrid : Ministerio de Justicia, 1990. p.101.

COLOMBIA. Constitución Política de Colombia, de 1991. Editorial Themis: Santa Fe de Bogotá, 1995.

COLOMBIA. Corte Constitucional. **Sentença da Corte Constitucional no caso Atrato n. 622-16.** 2016. Disponível em: <http://www.corteconstitucional.gov.co/relatoria/2016/t-622-16.htm> Acesso em: 30 de nov. de 2019.

COMISSÃO PASTORAL DA TERRA. **Conflitos no Campo:** Brasil 2019. Goiânia: 2020

CUEVA, Mario de la. **La idea del Estado.** México: Fondo de Cultura Económica, 1996.

CUNHA, Euclides. **Os sertões:** campanha de canudos. 29a. ed. Rio de Janeiro: Francisco Alves, 1979.

CUNHA, Manuela Carneiro da.(org.). **História dos índios no Brasil**. - São Paulo: Companhia das Letras: Secretaria Municipal da Cultural, 1992.

DIARIO DA JUSTIÇA. DJ 28-04-1995 PP-11134 – Ement. Vol-01784-02 PP-00341 e DJ 17-11-1995 PP-39206 – Ement. Vol-01809-05 PP-01155.

DIEGUES, Antônio Carlos. **O mito da natureza intocada**. 6ª ed. ampliada. São Paulo: Huicitec/Nupaub/USP/CEC, 2008.

DINIZ, Souza (org. e trad.). **Código Napoleão ou o código civil dos franceses:** Texto integral do Código de 1804 com todas as modificações nele posteriormente introduzidas. Rio de Janeiro: Distribuidora Record, 1962.

DITTO, José Santos. Análisis de la ley orgánica de tierras rurales y territorios ancestrales ecuatoriana, de 2016. In: **Revista Campo Jurídico**. vol. 4, n.2, pp. 07-13, outubro de 2016.

DUGUIT, Léon. **Law in the modern state**. Leopold Classic Library, 2016.

EGIDO, Teofanes. **Lutero obras**. Salamanca: Ediciones Sígueme, 1977.

ENGELS, Friedrich. **A origem da família, da propriedade privada e do estado.** (tradução de Leandro Konder). 5ª ed. Rio de Janeiro: Civilização Brasileira, 1979.

FACHIN, Luiz Edson. **A função social da posse e a propriedade contemporânea:** uma perspectiva da usucapião imobiliária rural. Porto Alegre: Sergio Antônio Fabris Editor, 1988.

FACHIN, Luiz Edson. O estatuto da terra no Brasil: trinta anos ou cinco séculos? In: **Revista da Associação Brasileira de Reforma Agrária – ABRA.-** vol. 25, jan.abr. 1995. p.127-36.

FACÓ, Rui. **Cangaceiros e Fanáticos:** gênese e lutas. 8ª edição. Rio de Janeiro: Bertrand Brasil, 1988.

FANON. Frantz. **Los condenados de la tierra.** Santa Fé de Bogotá: Fondo de Cultura Económica, 1999.

FEBVRE, Lucien. **Martinho Lutero um destino.** Lisboa: Bertrand, 1976.

FERES, João Bosco. **Propriedade da terra, opressão e miséria:** o meio rural na história social do Brasil. (col. Latin America Studies). Amsterdam: Centrum voor Studie en Documentatie van Latijns Amerika, 1990.

FERNANDEZ HUIDOBRO, E. **Historia de los tupamaros:** el nacimiento. tomo 2°. Montevideo: Tupac Amaru Editorial, 1995.

FLOREZ, Margarita (org.). **Diversidad biológica y cultural:** retos y propuestas desde America Latina. Bogotá: ILSA/WWF, 1998.

FURTADO, Celso Monteiro. **Formação econômica do Brasil.** Brasília: Ed. Universidade de Brasília, 1963.

GILISSEN, John. **Introdução histórica ao direito.** Lisboa: Calouste Gulbenkian, 1988.

GOTKOVITZ, Laura. **La revolución antes de la revolución:** luchas indígenas por tierra em Boliívia 1880-1952. La Paz: Plural, 2011. p.404.

GUERRA VILABOY, Sergio. **Cuba:** una historia. México: Ocean Sur, 2012.

GUIMARÃES, Alberto Passos. **Quatro séculos de latifúndio.** 6ª ed. Rio de Janeiro: Paz e Terra, 1989.

HALPERIN DONGHI, Tulio. **Historia contemporánea de América Latina.** 14ª ed. Madrid: Alianza Editorial, 1993.

HELLER, Herman. **La soberanía**: contribución a la teoria del derecho estatal y del derecho internacional. México : Fondo de Cultura Econômica, 1995.

HERNÁNDEZ, Anibal Alejandro Rojas; MARÉS DE SOUZA FILHO, Carlos Frederico. Ensanchando caminos: hacia un socioambientalismo sentipensante en Colombia. In: **Revista da Faculdade de Direito UFPR**. Curitiba, PR, Brasil, v. 62,n. 2, p. 263 – 284, maio/ago. 2017. Disponível em: <http://revistas.ufpr.br/direito/article/view/50803>.

IBGE – INSTITUTO BRASILEIRO DE GEOGRAFIA E ESTATÍSTICA. **Mapa etno-histórico de Curt Nimuendaju.** Rio de Janeiro: IBGE, 1981.

IGREJA CATÓLICA. Papa Leão XIII. **Rerum Novarum.** 7ª edição. São Paulo: Paulinas,1983.

IGREJA CATÓLICA. Pontifício Conselho Justiça e Paz. **Para uma melhor distribuição da terra:** o desafio da reforma agrária. São Paulo: Paulinas, 1998.

INCRA – INSTITUTO NACIONAL DE COLONIZAÇÃO E REFORMA AGRÁRIA. **O livro branco das grandes indenizações.** Brasília, 1999.

INSTITUTO HUMANITAS UNISINOS. **Conmemorando 50 años de la reforma agrária en Chile.** 17 de março de 1917. Disponível em: <http://www.ihu.unisinos.br/161-noticias/noticias-espanol/565779-conmemorando-50-anos-de-la-reforma--agraria-en-chile>. Acesso em: 28 de set. de 2019.

INSTITUTO SOCIOAMBIENTAL. **Povos Indígenas no Brasil -PIB**.- Disponível em: < https://pib.socioambiental.org/pt/P%C3%A1gina_principal>. Acesso em: nov. de 2019.

INSTITUTO SOCIOAMBIENTAL. **POVOS INDÍGENAS NO BRASIL:** 1991-1995. São Paulo: Instituto Socioambiental, 1996.

JAIMES, Edgar et alii. La propiedad de la tierra y la seguridad agroalimentaria en Venezuela. In: **Revista INTERCIENCIA.** INCI, v.2 n.12 Caracas. Dic. 2002.

KAUTSKY, Karl. **A questão agrária.** 3a. ed. São Paulo: Proposta Editorial, 1980.

KEYNES, John Maynard. **Teoria geral do emprego, do juro e da moeda.** Coleção os economistas. São Paulo: Abril Cultural, 1983.

KEYNES, John Maynard. The End of Laissez-Faire. In: **Essays in Persuasion.** Palgrave Macmillan. London, 2010.

LADEIRA, Maria Inês. **Espaço geográfico guarani-mby:** significado, constituição e uso. São Paulo, 2001. Tese (Doutorado em Geografia Humana) - Universidade de São Paulo.

LAMPEDUSA, Giuseppe Tomasi di. **O Leopardo.** Tradução e posfácio Maurício Santana Dias. São Paulo: Companhia das Letras, 2017.

LARANJEIRA, Raymundo (org.). **Direito agrário brasileiro.** Em homenagem a Fernando Pereira Sodero. São Paulo: LTr. Editora, 1999.

LARANJEIRA, Raymundo. **Direito Agrário.** São Paulo: LTr Editora, 1984.

LASSALLE, Ferdinand. **¿Qué és una constitución?.** México: Colofón, 1996.

LEAL, Rogério Costa. **A função social da propriedade e da cidade no Brasil:** aspectos jurídicos e políticos. Porto Alegre: Livraria do Advogado, 1998.

LIMA, Ruy Cirne. **Pequena história territorial do Brasil:** sesmarias e terras devolutas.4a.ed. Brasília: ESAF, 1988. p.112.

LITRANTO, Oliveiros. **A ordem internacional contemporânea.** Um estudo da soberania em mudança. Porto Alegre: SAFE, 1991.

LOCKE, John. **Segundo tratado sobre el gobierno civil.** Barcelona : Altaya, 1994.

MACHADO, Paulo Afonso Leme. **Direito ambiental brasileiro.** 7ª ed. São Paulo: Malheiros Editores, 1998.

MACPHERSON, C.B. **A teoria política do individualismo possesivo:** de Hobbes a Locke. Rio de Janeiro: Paz e Terra, 1979.

MACPHERSON, C.B. **Ascensão e queda da justiça econômica e outros ensaios.** Rio de Janeiro: Paz e Terra, 1991.

MALUF, Carlos Alberto Dabus. **Limitações ao direito de propriedade.** São Paulo: Saraiva, 1997.

MARGADANT S, Guillermo F. **Introducción a la historia del derecho mexicano**. Naucalpan, México: Editorial Esfinge, 1997.

MARQUES, Nilson. **Posse X Propriedade:** a luta de classes na questão fundiária. Coleção socializando conhecimentos n° 4. Rio de Janeiro: AJUP/FASE, 1988.

MARTINA, Giacomo. **História da Igreja de Lutero a nossos dias.** São Paulo: Loyola, 1996.

MARX, Karl. **O capital:** crítica da economia política. Livro primeiro. São Paulo: Abril Cultural, 1984.

MELATTI, Julio Cezar. **Índios do Brasil**. São Paulo: Hucitec, 1980.

MIRANDA, Jorge. **Textos históricos do direito constitucional.** Lisboa: Imprensa Nacional/Casa da Moeda, 1980.

MOREIRA, Vital. **A ordem jurídica do capitalismo.** Coimbra: Centelha, 1978.

NOVAES, Washington. **Uma crise amazônica.** Jornal O Estado de São Paulo, dia 10 de fevereiro de 1999, p. A2.

NÚCLEO DE REGULARIZAÇÃO DE LOTEAMENTOS DA PGERJ. Ocupação por necessidade. **Revista de Direito da Procuradoria Geral do Rio de Janeiro**. n. 40. p. 105-117. 1988.

OLIVEIRA, Francisco & PAOLI, Maria Celia. **Os sentidos da democracia:** políticas do dissenso e hegemonia global. São Paulo: Vozes/Fapesp, 1999.

OPERAÇÃO ANCHIETA. Índios em Mato Grosso. Cuiabá: Opan/Cimi, 1987.

PACKER, Larissa Ambrosano. **Novo código florestal e o pagamento por serviços ambientais.** Curitiba: Juruá, 2015. p.265.

PADUA GONZALEZ, Maria Eugenia. **Evoluición socio-jurídica del artículo 27 constitucional.** México: Ed. Universidad Autónoma de Guerrero, 1994.

PEZZELLA, Maria Cristina Cereser. **Propriedade privada no direito romano.** Porto Alegre: S.A.Fabris, 1998.

POLANYI, Karl. **A grande transformação**: as origens de nossa época. Rio de Janeiro: Campus-Elsevier, 2000.

PORTO, Costa. **O sistema sesmarial do Brasil**. Brasília: Editora Universidade de Brasília. s/d.

PORTUGAL. **Collecção da Legislação antiga e Moderna do Reino de Portugal.** Parte II, Da Legislação Moderna. Ordenações do Reino de Portugal, recopiladas per mandado del rei D. Felippe, o Primeiro. 9ª edição, 3 tomos. Coimbra: Real imprensa da Universidade, 1824.

PRADO JUNIOR, Caio. **História Econômica do Brasil.** 43 ed. São Paulo: Brasiliense, 1998.

PRESSBURGUER. T. Miguel. **Terras devolutas.** O que fazer com elas?. Coleção Socializando Conhecimentos, nº 7. Rio de Janeiro: AJUP/FASE, 1990.

PROUDHON, Pierre-Joseph. **¿Qué es la propiedad?.** Madrid: Ediciones Orbis S/A, 1984.

PUFENDORF, Samuel. **Le droit de la nature et de gens.** s/l.: Chez J. de Wetstein, 1759.

QUEIROZ, Maurício Vinhas. **Messianismo e Conflito Social, A guerra sertaneja do Contestado:** 1912-1916. São Paulo: Ática, 1981.

RAU, Virgínia. **As sesmarias medievais portuguesas.** Lisboa: Presença, 1982.

REDE NACIONAL DE ADVOGADOS POPULARES - RENAP. **Cadernos RENAP.**Primavera. N° 2, ano II – fevereiro de 2002. São Paulo, 2002.

RIBEIRO, Renato Janine. **A última razão dos reis:** ensaios sobre filosofia e política. São Paulo: Companhia das Letras, 1993.

RICARDO, David. **Principios de economia política y tributación.** México: Fondo de Cultura Económica, 1985.

ROBLES RECAVARREN, Alexandro. **Propiedad rural y reforma agraria:** régimen legal peruano. Lima: Justo Valenzuela, 1976.

ROMERO ESPINOSA, Emilio. **La reforma agraria en México.** México: Cuadernos Americanos, 1963.

ROSANVALLON, Pierre. **A crise do estado-providência.** (Trad. Joel Pimentel de Ulhoa). Goiânia: Editora UNB/Editora UFG, 1997.

ROUSSEAU, J.J. **O contrato social:** princípios de direito público. São Paulo: Brasil Editora, 1960.

ROUSSEAU, Jean-Jacques. **Discurso sobre a origem e os fundamentos da desigualdade social.** Rio de Janeiro: Ediouro, 1994.

RUBIANES, Eduardo. **El dominio privado de los bienes según la doctrina de la Iglesia.** Quito: Ediciones de PUC-Ecuador, 1993.

RYAN, Alan. **A propriedade.** Lisboa: Editorial Estampa, 1988.

SANTOS, Boaventura de Souza. **La globalización del derecho.** Los nuevos caminos de regulación y emancipación. Bogotá: ILSA, 1998.

SANTOS, Boaventura de Souza. **Pela mão de Alice:** o social e o político na pós modernidade. São Paulo: Cortez, 1997.

SERRA, Cristina. **A catástrofe de Mariana:** a história do maior desastre ambiental do Brasil. São Paulo: Record, 2019.

SILVA, Lígia Osório. **Terras devolutas e latifúndio:** efeitos da lei de terras de 1850. Campinas: Ed. da UNICAMP, 1996.

SODERO, Fernando. **Direito Agrário.** São Paulo: Livraria Legislação Brasileira, 1968.

SODRÉ, Nelson Werneck. **Formação histórica do Brasil.** 10 ed. Rio de Janeiro: Civilização Brasileira, 1979.

SOUBOUL, Albert. **A revolução francesa.** 7ª ed. Rio de Janeiro: Bertrand Brasil, 1989.

SOUZA FILHO, Carlos Frederico Marés de. **Bens culturais e sua proteção jurídica.** 3ª ed. Curitiba: Juruá, 2005.

SOUZA FILHO, Carlos Frederico Marés de. **O renascer dos povos indígenas para o Direito.** Curitiba: Juruá, 1998.

SOUZA FILHO, Carlos Frederico Marés de. (2019). Os povos tribais da convenção 169 da OIT. In: **Revista Da Faculdade De Direito Da UFG.** 42(3).2019. p.155-179. https://doi.org/10.5216/rfd.v42i3.55075. Disponível em: <https://www.revistas.ufg.br/revfd/article/view/55075>

SOUZA FILHO, Carlos Frederico Marés de. Comentários ao Capítulo VIII Dos Índios: artigos 231 e 232. In.: CANOTILHO, J.J. et alii. **Comentários à Constituição do Brasil.** 2ª ed. São Paulo: Saraiva, 2018. p. 2251-2260.

SOUZA FILHO, Carlos Frederico Marés de. Terra mercadoria, terra vazia: povos, natureza e patrimônio cultural. In.: **Revista InSURgência.** Brasília, ano 1, v.1, n.1, jan./jun. 2015. p. 57-71.

SOUZA, Frederecindo Marés de. **Eles não acreditavam na morte.** Curitiba: IHGEP, 1978.

SOUZA. Frederecindo Marés de. **O presidente Carlos Cavalcanti e a revolta do contestado.** Curitiba: Lítero Técnica, 1987.

STÉDILE, João Pedro (coord.). **A questão agrária hoje.** 3ª ed. Porto Alegre: Ed. Universidade/UFRGS, 2002.

TEPEDINO, Gustavo. Os direitos reais no novo código civil. In: **Revista da Escola da Magistratura do Rio de Janeiro.** Rio de Janeiro: EMERJ, Caderno Especial, 2003. p. 173.

THIERS, M.A. **De la proprieté.** Bruxelles: Société Typographique Belge, 1849.

TORRE RANGEL, Jesús Antonio de la. **Lecciones de historia del derecho mexicano.** México: Ed. Universidad Autóonoma de Aguascalientes, 1997.

TRIBUNAL INTERNCAIONAL. **Anais do Tribunal Internacional dos Crimes do Latifúndio e da Política Governamental de Violações dos Direitos Humanos.** Curitiba. 1º e 2 de maio de 2001.

ULHOA, Joel Pimentel de. **Rousseau e a utopia da soberania popular.** Goiânia: Editora UFG, 1996.

VAZQUEZ MACHICABO, Humberto. et alii. **Manual de historia de Bolivia.** 4ª Ed. La Paz: Gisbert, 1994.

VITORIA, Francisco de. **Relecciones:** del estado, de los indios y del derecho a la guerra. México: Editorial Porrúa, 1985.

VOLTAIRE, François Marie Arouet de. **Cartas Inglesas; tratado de metafísica; dicionário filosófico.** Seleção e tradução de Marilena de Souza Chauí. São Paulo: Abril Cultural, 1978.

WOOD, Ellen Meiksins. As origens agrárias do capitalismo. In: **Revista "Crítica Marxista".** São Paulo, n. 10. p.12-30. 2000.

ZAVALETA MERCADO, René. **50 años de historia.** Cochabamba. Bolívia: Editorial Los amigos del libro, 1992.

Impresso por :

gráfica e editora

Tel.:11 2769-9056